AF450732

CATALOGUE

DU

CABINET DE M. ROBELOT,

DE BORDEAUX,

Ancien Contrôleur principal des Contributions directes.

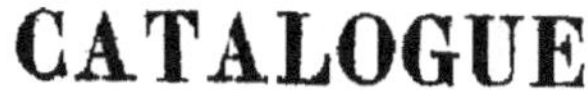

ESTAMPES

ANCIENNES ET MODERNES,

AU NOMBRE DE PLUS DE 14,000 PIÈCES,

Par les plus célèbres Graveurs de tous pays.

DES XV⁰, XVI⁰, XVII⁰, XVIII⁰ ET XIX⁰ SIÈCLES,

Pouvant former l'histoire de l'art de la Gravure.

DESSINS

Au nombre d'environ 1,200,

ET QUELQUES

BONS TABLEAUX

Par et d'après les grands Maîtres des différentes Écoles anciennes et modernes.

PAR MM. VALLÉE ET DEFER, EXPERTS.

LE PRÉSENT CATALOGUE SE DISTRIBUE

A Paris : { Chez M. VALLÉE, expert, r. de Chartres St-Honoré, 8;
M. DEFER, expert, quai Voltaire, 19;

A Bordeaux : chez M. ROBELOT, rue du Manège St-Seurin.

1847

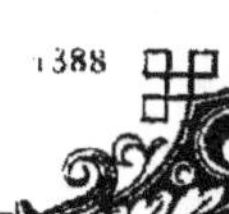

V

CATALOGUE

DU

CABINET DE M. ROBELOT,

DE BORDEAUX,

Ancien Contrôleur principal des Contributions directes,

COMPOSÉ :

D'ESTAMPES

ANCIENNES ET MODERNES,

AU NOMBRE DE PLUS DE 14,000 PIÈCES,

Par les plus célèbres Graveurs de tous pays,

DES XVe, XVIe, XVIIe, XVIIIe ET XIXe SIÈCLES,

Pouvant former, par la diversité des Maîtres de toutes les Écoles,

L'HISTOIRE DE L'ART DE LA GRAVURE,

de 1,200 DESSINS environ,

ET DE

QUELQUES BONS TABLEAUX

Par et d'après les grands Maîtres des différentes Écoles
anciennes et modernes.

Par MM. **VALLÉE** ET **DEFER**, EXPERTS.

LA VENTE AURA LIEU EN DEUX PARTIES,

A PARIS,

HOTEL DES VENTES,

PLACE DE LA BOURSE, N. 2,

SALLE N. 3,

Par le ministère de Me **DUCROCQ**, Commissaire-Priseur;

SAVOIR :

1re PARTIE, les 6, 7, 8, 9, 10 & 11 Décembre 1847 Chaque jour à 6 heures du soir. — Et les 14
2e PARTIE, les 10, 11, 12, 13, 14 & 15 Janvier 1848 et 15 Janvier à midi.

EXPOSITION

Le Dimanche 5 Décembre 1847; — et le Dimanche 9 Janvier 1848,
de midi à 4 heures; — et le matin de chaque vacation, de midi
à 2 heures.

1847.

DIVISION ET ORDRE DE LA VENTE.

LA VENTE SE FERA EN DEUX PARTIES.

La première partie comprendra :

1° Les *Estampes* en tous genres, par les graveurs dont les noms commencent par la lettre A, jusqu'à ceux dont les noms commencent par la lettre M inclusivement. N° 1 à 186 du Catalogue ; — et n°° 595 à 603 — 611 et 612 du Supplément.

2° Les *Recueils, Estampes en volumes, Ouvrages à figures et Livres sur les arts*, n° 374 à 415 du Catalogue.

La vente aura lieu les 6, 7, 8, 9, 10 et 11 DÉCEMBRE 1847, chaque jour, à 6 heures du soir.

On suivra l'ordre alphabétique et numérique; on commencera chaque vacation par plusieurs lots d'Estampes, par différents graveurs, compris sous les n°° 286 à 340.

La deuxième partie comprendra :

1° Le restant des *Estampes* en tous genres. Lettres N à Z, n°° 187 à 285 du Catalogue ; — et n° 604 à 610 du Supplément.

2° Le restant des *Recueils, Estampes* en volumes, etc., etc. n° 416 à 432 du Catalogue.

3° Tous les *Dessins* n° 433 à 576.

4° Tous les *Tableaux* et *objets divers* n° 577 à 593.

La vente de cette deuxième partie aura lieu les 10, 11, 12, 13, 14 et 15 JANVIER 1848, savoir : les 10, 11, 12 et 13 janvier chaque jour à 6 heures du soir pour le restant des *Estampes*, des *Recueils, ouvrages à figures*. — Et à midi, les 14 et 15 JANVIER pour les *Dessins* et *Tableaux*.

On suivra l'ordre alphabétique et numérique.

AVERTISSEMENT.

En formant sa collection d'*Estampes*, la principale idée de M. Robelot, était de réunir dans ses portefeuilles le plus grand nombre possible des meilleures *estampes* capables de lui représenter, avec tout le sentiment du maître, les chefs d'œuvres des grands peintres classés et disséminés dans tous les Musées et les Galeries particulières, tant en France, que dans les pays étrangers. Ce but et cette préoccupation de tous les instants de M. Robelot, était celui d'un ardent et véritable ami des beaux-arts. Sa collection est non seulement importante par le nombre de quatorze mille estampes dont elle se compose, mais encore par la réunion des œuvres, on ne peut plus variées, des plus célèbres graveurs de tous les pays, parmi lesquelles se trouvent quantité de belles pièces dont quelques unes, rares et bien conservées, sont comprises et décrites au présent catalogue.

Cette collection, formée par un amateur aussi studieux et aussi passionné dans ses goûts artistiques, fruit de plus de trente années de constantes recherches, peut donc représenter l'histoire de l'art de la gravure depuis son origine jusqu'à nos jours.

Indépendemment de cette importante et intéressante collection d'Estampes, le cabinet de M. Robelot, comprend : quantité de bons *Receuils*, *d'ouvrages à figures*

et de *Livres sur les arts*, qui feront également partie de
cette vente ; ainsi qu'une réunion d'environ 1,200 DESSINS
et de quelques bons TABLEAUX et *Esquisses*, par et d'après
différents maitres des écoles anciennes et modernes, aux-
quels nous avons conservé, pour la majeure partie, les
attributions qui leur ont été données par M. *Robelot*.

NOTA. La lettre B, suivie d'un numéro, correspond à
la pièce décrite par Adam *Bartsch* dans son ouvrage *le
Peintre-Graveur*.

Les lettres R D, également suivies d'un numéro, cor-
respondent aux pièces décrites par M. *Robert-Dumesnil*
dans son ouvrage *le Peintre-Graveur français*.

Pour les pièces de l'œuvre de *Rembrandt*, nous avons
conservé les numéros de la classification de l'œuvre de
ce maître par feu *M. de Claussin*, classification adoptée
par M. *Robelot* dans son catalogue.

CONDITIONS DE LA VENTE.

AU COMPTANT.

Cinq pour cent en sus des adjudications

CATALOGUE

DE LA COLLECTION

D'ESTAMPES

DESSINS ET TABLEAUX,

DU CABINET DE M. ROBELOT.

ESTAMPES ANCIENNES ET MODERNES,

EN FEUILLES OU ENCADRÉES,

Par les plus célèbres graveurs des différentes Écoles du XVe au XIXe siècle.

ALBERTI (Cherubini), *né au bourg du Saint-Sépulcre, en 1552, mort à Rome, en 1615,*

1 — Trois frises où sont représentés des sujets de la Fable et de l'Histoire, d'après *Polydore de Caravage* — Et un sujet de l'Histoire-Sainte. Ces estampes portent les dates 1516 et 1524. 4 pièces.

ALDEGREVER (Henri), *né à Soest en Wesphalie, en 1502, mort en 1560.*

2 — Treize pièces d'après ses compositions, savoir : Saint Jean, l'une des quatre pièces de la suite des Evangélistes (1539); — Hercule terrassant l'hydre de Lerne (1550); — Atlas (1550); — Le bon Samaritain (1554); — Suite en quatre pièces de l'histoire du Mauvais Riche (1554); — Un Martyr (1555); — Samson et Dalila; — Le retour de l'Enfant prodigue; — et un sujet de chasse.

AMATUS (Francesco), *né dans le royaume de Naples.*

1 — Deux pièces : l'Enfant-Jésus adoré par des anges ; — et l'Éducation de Jésus par saint Joseph.—Plus une pièce en très mauvais état de conservation, par Michel-Ange *Buonaroti.* 4 pièces.

ANDERLONI (Pierre).

4 — Moïse défendant les filles de Jethro, d'après Nicolas *Poussin.* Pièce encadrée.

AQUILA (François et Pierre), *nés à Palerme, dans le XVII° siècle.*

5 — Diverses pièces et suites des œuvres de ces maîtres, savoir : Trente-cinq pièces de la galerie Farnèse, d'après Annibal *Carrache;* — Huit pièces de l'Assemblée des Dieux, d'après *Lanfranc;* — La bataille de Constantin contre Maxence, d'après *Raphaël,* grande pièce en quatre feuilles; — Victoire et triomphe de Constantin, trois pièces dont une est double; — La Vierge au Pistolet; — Sacrifice à Diane; — et l'Enlèvement des Sabines; ces trois derniers morceaux d'après Pietre *de Cortonne.*

Cet article, composé de 53 pièces réunies en un grand et fort volume, pourra être divisé.

AUDEN-AERD (Robert Van), *né à Gand, dans le XVII° siècle.*

6 — Le Triomphe de Jules César, suite de neuf pièces, d'après *Mantègne,* numérotées de 1 à 9, plus le frontispice inventé et gravé par Auden-Aerd. 10 pièces.

AUDRAN (Claude, Karle, Gérard, Benoit, Jean et Louis, Les).

7 — Diverses pièces de ces maîtres, parmi lesquelles se trouvent : Le Baptême de saint Jean;— La Femme adultère; — Coriolan; — Les grandes et petites Batailles d'Alexandre; — La coupole du Val-de-Grâce; — et autres sujets, ainsi que différents frontispices, d'après

N. *Poussin*, Eustache *Le Sueur*, Charles *Le Brun* et autres peintres français ; — plus, une pièce curieuse, ayant pour titre : Application morale des quatorze Propriétés de la Colombe à la Religieuse bénédictine. Cette dernière par Karle Audran.

Cet article, composé de 59 pièces, formera 14 lots.

AVELINE (Pierre).

8 — L'*Enseigne*, grande pièce en largueur, d'après le tableau de *Walteau*.

9 — Cinq pièces diverses, savoir : La Bonne Aventure ; — La Fontaine d'Amour ; — La Musique ; — et le Trébuchet, ces quatre pièces d'après *Boucher*; — et Lazarille buvant le vin de l'Aveugle, d'après *Lemeste*.

AVRIL (Jean-Jacques), *né à Paris*.

10 — Mars va à la guerre ; — et Mars de retour de la guerre ; — ces deux pièces, d'après *Rubens*; — Le passage du Rhin ; — et la Prise de Courtrai, d'après *Van der Meulen*; — l'Etude qui veut arrêter le Temps, d'après *Menageot*; — l'Enlèvement; — et le portrait de Ducis, d'après *Guiard*. 7 pièces.

BAILLU (Pierre de), *né à Anvers, vers 1614*.

11 — Jésus au jardin des Oliviers ;— Philomèle et Prognée; — Combat des Centaures et des Lapithes ; ces trois pièces d'après *Rubens;* — et saint André se préparant au martyre, d'après *Van Thulden*. 4 pièces.

BALECHOU (Jean-Joseph), *né à Arles, en 1715, mort à Avignon, en 1764*.

12 — Le portrait du roi de Pologne Auguste III, d'après Hyacinthe *Rigaud*. Pièce encadrée.

13 — Le Calme ; — la Tempête ; — et les Baigneuses, ces trois pièces d'après Joseph *Vernet*. Les deux premières sont encadrées et avant les barres sur l'écriture ; et la dernière, les Baigneuses, est avec le coup de lumière

sur les deux jambes de la femme, qui est debout, vue par le dos. Epreuve dite *en molet blanc*.

14 — Sainte Geneviève, d'après Carle *Vanloo*, deux épreuves de la même pièce, dont une est avant les barres ; — Nicodème ; — les portraits de Rollin, de Jullienne, de la duchesse de Parme, du père Porée et de Colbert ; — la Naissance, d'après André *Bardon* ; — et deux épreuves des Baigneuses.

Ce dernier article, composé de onze pièces, formera deux lots.

BAROCHE (Frédéric BAROCCI), *né à Urbin, en 1528, mort en 1612.*

15 — L'Annonciation ; — et Extase de saint François. Deux pièces à l'eau-forte d'après ses propres compositions.

BARON (Bernard), *né à Paris, en 1700, mort à Londres, en 1766.*

16 — La famille du comte de Nassau, d'après *Van Dyck* ; — et le Mariage à la mode, d'après *Hogarth*. **2 pièces.**

BARTOLI (Pietro Santi, dit LE PÉRUGIN), *né à Pérouse, en 1636.*

17 — La Naissance de la Vierge, d'après *L'Albane* ; — Bacchus nourri par la chèvre Amaltée ; — Différents bas-reliefs des colonnes Antonine et Trajane, etc., etc.

Cet article, composé de 21 pièces, formera 2 lots.

BARTOLOZZI (François), *né à Florence, en 1728, mort à Lisbonne, en 1813.*

18 — Divers sujets de l'Histoire sacrée et profane, d'après *Van Dyck, Carrache, Guerchin*, frise, plafonds, portraits, fac-simile de dessins de grands maîtres. **16 pièces.**

BARTSCH (Adam), *né à Vienne, en 1757.*

19 — Cinq pièces de fac-simile de dessin d'Albert Durer et de Rembrandt.

BAUDET (Etienne), *né à Blois, en 1643, mort à Paris, en 1716.*

20 — Divers sujets d'après Nicolas *Poussin*, savoir : La suite de Phocion; — Euridice; — Vénus couchée; — les Israélites adorant le Veau d'or; — et autres.

Cet article, composé de sept pièces, sera divisé.

BEATRIZET (Nicolas), *né à Thionville, florissait à Rome dans le XVIe siècle.*

21 — Six morceaux ou fragments de l'estampe du Jugement dernier.

BEGA (Corneille), *né à Harlem, vers 1620, mort en 1664.*

22 — Treize sujets gravés à l'eau-forte dans la manière de Van Ostade. Numéros de l'œuvre de ce maître, 10 à 13, 16-18-20-28-29-30-34 et 36. Une pièce sans numéro paraît étrangère à ce maître.

BEHAM (Hans Sebalde), *né à Nuremberg, en 1500, mort en 1550.*

23 — La Religion chrétienne (n° 16 de l'œuvre); — des Enfants nus, petite estampe de forme ronde; — Justicia; — et Misericordia. 4 pièces.

BENASCHI (J.-B.), *né en Piémont, en 1636.*

24 — Une Sainte-Famille, pièce gravée à l'eau-forte, d'après J. D. *Cerrini.*

BERGHEM (Nicolas), *né à Harlem, en 1624, mort en 1683.*

25 — Soixante-deux pièces de paysages et études d'animaux, par et d'après *Berghem*; dans ce nombre on trouve la *Vache qui s'abreuve*, les *Bergeries*, etc., etc.

Cet article pourra être divisé.

BERNARD (Samuel), *né à Paris, en 1615.*

26 — Attila promet au pape de renoncer au siége de Rome, d'après *Raphaël*; — et Astianax trouvé caché dans le tombeau d'Hector, d'après Sébastien *Bourdon*. 2 pièces.

BERVIC (Charles-Clément), *né à Paris, mort il y a peu d'années.*

27 — Le Repos, d'après *Lepicié*; — Saint Jean au désert, d'après *Raphaël;* — le Triomphe de Mardochée. Epr. d'eau-forte ; — le portrait du frère Bernard de St-Louis, carme, épr. avant toute lettre. Pièce encadrée.

Cet article, composé de quatre pièces, sera divisé.

BLOEMAERT (Corneille), *né a Utrecht, en 1603, mort en 1680.*

28 — Une Annonciation, d'après *Lanfranc;* — la Nativité; — l'Adoration des Bergers, d'après *Raphaël;* — deux sujets de Sainte-Famille, dont une dite *aux Lunettes;* — Saint Pierre ressuscitant Tabithe, d'après *Le Guerchin;* — les quatre Pères de l'Église; — Méléagre présentant la hure du sanglier à Atalante, d'après *Rubens;* — le Fou du Mardi-Gras et le Nid d'oiseaux, deux pièces d'après Abraham *Bloemaert;* — plusieurs sujets allégoriques et portraits, dont celui de la religieuse Colomba de Tofenis; — la galerie de Barberini en dix pièces.

Cet article, composé de 23 pièces, formera 4 lots.

BOISSIEU (Jean-Jacques de), *né à Lyon, en 1736, et mort dans la même ville, en 1810.*

29 — La presque totalité de son Œuvre, cent pièces réunies en un portefeuille.

30 — Douze différentes pièces plus anciennes épreuves que celles de l'exemplaire ci-dessus ; — plus, seize copies de Boissieu, par *Claussin;* — et la vue de Lyon prise du quai Saint-Antoine.

Ce dernier article, composé de 29 pièces, sera divisé.

BOIVIN (Réné), *né à Angers, en 1530, mort à Rome, en 1598.*

30 *bis.* Douze pièces de trophées, fleurs, fruits, oiseaux, poissons, ornements, etc., etc.

BOLSWERT (Boèce A), *né en Frise en 1580.*

31 — La Cène d'après Rubens, et le Jugement de Salomon, 2 pièces.

BOLSWERT (Schelte A.), *né en Frise en 1586, et mort très âgé.*

32 — Le Reniement de Saint-Pierre, d'après *Gérard Seghers*, pièce encadrée ; — Le Couronnement d'Epines, ou l'*Ecce Homo*, d'après *Van Dyck*, pièce encadrée ; — Le Mariage de la Vierge, belle épr. avant l'adresse ; — Le Serpent d'airain ; — Le Jugement de Salomon ; — et autres sujets pieux de Vierges et de Sainte-Famille ; — Plus divers sujets de la fable, tels que : Pan jouant de la flute et Argus endormi par Mercure. — Ces deux pièces sont encadrées et avant l'adresse de Bloteling ; — et Jupiter allaité par la chèvre Amalthée, pièce encadrée.

Cet article, composé de vingt trois pièces, formera neuf lots.

32 *bis.* — La Vie de saint Augustin, suite de trente-trois pièces.

BONACINA (J.-B.), *né à Milan en 1600.*

33 — Sujet allégorique : La France protégée par la Religion et la Vérité ; — Autre allégorie à la louange du pape Alexandre VII ; — La Sainte Vierge tenant l'Enfant Jésus, sainte Martine lui présente un lys. En tout trois pièces.

BONASONNE (Jules) dit le BOLOGNESE, *né à Bologne vers 1498, mort en 1564.*

34 — La Nativité de Saint-Jean-Baptiste, d'après un dessin de *J. Florentinus ;* — Les Troyens introduisant le cheval de bois, d'après le *Primatice.*
2 pièces.

35 — Le portrait de Michel-Ange Buanaroti à l'âge de 72 ans. Cette estampe porte la date de 1546.

BOTH (Jean), *né à Utrecht vers 1620.*

37 — La suite des Paysages en hauteur (n° 1 à 4 de son œuvre); — Celle des vues des campagnes de Rome ou paysage en largeur (n° 5 à 10); — Plus (n° 10) pièce répétée de cette dernière suite. En tout onze pièces.

BOURDON (Sébastien), *né à Montpellier en 1616*, *mort à Paris en 1671*.

37 — Les OEuvres de miséricorde, suite de sept pièces gravée à l'eau-forte et au burin par ce maître, d'après ses propres compositions. Epreuves avant les adresses. Etat antérieur au premier décrit par M. Robert Duménil. (N° 2 à 8 de son œuvre).

BREBIETTE (Pierre), *né à Mantes en 1597*.

38 — Divers sujets sacrés : Une Sainte-Famille, d'après *Raphaël*; — Le Martyre de saint Georges, d'après *Véronèse*, 2 épr.; — Le Martyre de sainte Catherine, 2 épr. dont une imprimée en rouge; — et quatre frises d'après ses compositions. Neuf piéces

BREENBERG (Bartolomé), *né à Utrecht vers 1620*, *mort en 1660*.

39 — Le Martyre de saint Laurent; — et Joseph en Egypte. Deux grandes pièces capitales de ce maître.

BRISSARD (Pierre).

40 — La statue équestre d'Henri IV. *Pièce rare.*

BRUYN (Nicolas de), *né à Anvers en 1562*.

41 — Quatre estampes : David vainqueur de Goliath; — L'âge d'or; — Sainte Cécile; — et Jésus-Christ dans un riche encadrement. — La pièce de Sainte-Cécile est d'après *Raphaël*.

CABEL (Adrien Vander), *né à Ryswick en 1631, mort à Lyon en 1695*.

42 — Sept Paysages gravés à l'eau-forte sur ses compositions, dont saint Bruno et saint Jérôme (n° 50 et 51 de l'œuvre). Pièces capitales de ce peintre graveur.

CAGLIARI (Paul) dit Paul VÉRONESE, *né à Véronne en 1526*.

43 — Une Sainte-Famille, gravure à l'eau-forte; on lit dans le haut, sur la muraille vers le milieu de l'estampe

Paulo Caliari inventor. Pièce attribuée à Caliari, par M. Robelot.

CALLOT (Jacques), *né à Nancy en 1593, mort en 1635.*

44 — Quantité de suites et de pièces de son œuvre, tels que : Son Portrait et celui d'autres personnages; — Passage de la Mer Rouge; — Deux estampes différentes du Massacre des Innocens; — Les Mesureurs de grains. *Rare.* — La grande Résurrection de Lazare. *Rare.* — Le Nouveau Testament; — Les Quatre festins de Jésus. *Rare.*—Les petites et grandes Passions; —L'*Ecce Homo*; — Le Martyre des douze Apôtres; — Les Pénitents et Pénitentes; — Vie de la Vierge en emblèmes; — La Conversion de saint Paul; — saint Nicolas prêchant dans le désert; — La Tentation de saint Antoine; — Suite de l'Enfant prodigue; — Les sept Péchés capitaux; — Catafalques; — Sujets mithologiques; — Les Misères de la guerre; — Les Bohémiens; — Le Triomphe de la Vierge, grande pièce en hauteur. *Rare.* — Divers sujets de Batailles; — Le Parterre et la Carrière de Nancy; — Le Martyre de saint Sébastien; — Les Joueurs de boules; — Différentes suites de Paysages et Vues de Florence; — Les Exercices militaires; — Les Fantaisies; — Les Nobles; — Les Gueux; — Le Tripot; — Les Grotesques; — Les Siéges de la Rochelle; — De l'île de Rhé et de Bréda, etc., etc. En tout quatre cent cinquante pièces (indépendemment du vol. des Saints qui en contient quatre cent quatre-vingt-treize.)

Cet article formera plusieurs lots.

CAMPION.

45 — Saül renversé de cheval allant à Damas pour arrêter plusieurs disciples de Jésus-Christ. Grande estampe d'après *Rubens*, en deux morceaux assemblés.

CANOT (Pierre-Charles), *né en France en 1710.*

46 — Cinq pièces, savoir : Les Fumeurs Hollandais, — et l'Amoureux buveur, deux sujets d'après *D. Teniers*; —

La Halte italienne, estampe sans titre d'après *Pierre de Laer*; — L'arrivée des Barques marchandes, d'après *J. Pillement*; — et Voltaire sortant de son lit. Petite pièce ovale.

CANTARINI (Simon) dit de PESARO, *né à Pesarèse en 1610*.

47 — Deux pièces dont une paraît provenir des cabinets de Saint-Yves, Morel de Vindé et Mariette. On lit au dos : *Pièce gravée par Cantarini de Pesaro en 1630, d'après une de ses superbes compositions.* Signé *Mariette*.

CARPIONI (Giulio), *né à Venise en 1611, mort à Véronne en 1674*.

48 — Deux pièces gravées à l'eau-forte : Repos en Égypte ; — et saint Jérôme.

CARRACHE (Annibal, Augustin et Louis, Les).

49 — Divers sujets par et d'après ces maîtres : Triomphe de Silène ; — Galatée ; — Saint Jérôme ; — et un Possédé. Quatre pièces gravées à l'eau-forte.

Cet article pourra être divisé.

CASTIGLIONE dit le BENEDETTE (Giovanni-Benedetto), *né à Gênes en 1616, mort à Mantoue en 1670*.

50 — Vingt et une pièce gravées par lui à l'eau-forte, d'après ses compositions représentant différents sujets de sainteté, d'histoire, de la fable, et des portraits.

Cet article formera deux lots.

CAVALERIIS (J.-B. de), *graveur italien, né en 1525*.

51 — La Cène, d'après *Raphaël*, épreuve en mauvais état de conservation.

CAYLUS (comte de), *graveur amateur, né à Paris en 1692*.

52 — Fac-simile de Dessins et Compositions de grands maîtres du cabinet du roi ; — Suite de Statues antiques dessinées à Rome par Bouchardon ; — Suite de quatre dessins faits par le *duc de Bourgogne*, etc., etc. Soixante douze pièces.

Cet article formera trois lots.

CÉSIO (Carlo).

53 — Divers sujets de la Fable, peints au palais Farnèse par Annibal *Carrache*. Cinquante-deux pièces par *Cesio*.
Cet article formera trois lots.

CHASTEAU (Guillaume), *né à Orléans en 1633, mort à Paris en 1683*.

54 — Martyre de saint Etienne ; — Conversion de saint Paul ; — Assomption de la Vierge ; — et Bacchus ; — Quatre pièces d'après *Carrache, Cortone* et *N. Poussin*.
Cet article formera deux lots.

CHAUVEAU (François), *né à Paris en 1630, mort en 1676*.

55 — Vingt-quatre pièces et vignettes. La plupart d'après ses compositions.

COCHIN (Charles-Nicolas), *né à Paris en 1715, mort en 1790*.

56 — Diverses estampes et vignettes pour l'Histoire de Toulouse ; — Et sujets sacrés. — Trente-huit pièces.

COCHIN (Nicolas), *né à Troyes en 1619*.

57 — Les Noces de Cana, d'après *Paul Véronèse* ; — L'entrée d'Alexandre dans Babylone ; — Et l'académie des Sciences et des Beaux-Arts. Ces deux dernières pièces d'après Sébastien *Leclerc*.

COLLAERT (Adrien), *né à Anvers, en 1529*.

58 — Différents sujets de l'Ancien et du Nouveau-Testament, de la Mythologie, suite de sujets de chasses, pêches, etc., etc. Cent cinq pièces.
Cet article formera quatre lots.

COLLAERT (Jean), *fils d'Adrien, né à Anvers, en 1545*.

59 — Neuf pièces, dont : Adam et Eve ; — une Sainte-Famille ; — Apollon et Vulcain, etc.; — et quatre frontispices.

CORT (Corneille), *né à Horn, en 1536, mort en 1578.*

60 — Quatorze estampes, savoir : la Toussaint, d'après *le Titien;* — Lapidation de saint Etienne, d'après *Venusti;* — la Bataille des Eléphans livrée par Pyrrhus aux Romains, d'après *Raphaël;* — la Bataille de Constantin; — et les Travaux d'Hercule, suite en dix feuilles.
Cet article formera deux lots.

COURTOIS (Jacques, dit le BOURGUIGNON), *né à Saint-Hypolite, en 1621.*

61 — Suite de huit sujets de batailles, composés et gravés à l'eau-forte par lui-même. (R. D. 1 à 8) de son Œuvre composée de seize pièces seulement.

DARET (Pierre), *né à Paris, en 1610, mort en 1684.*

62 — Treize sujets religieux et mythologiques, la plupart d'après Simon *Vouet;* — et trois autres pièces, portraits et sujets historiques, — en tout seize pièces.

DEFREY (Jean-Pierre).

63 — Différens sujets gravés à l'eau-forte, la plupart d'après *Rembrandt,* dont les Syndics de la Halle aux Draps; — le Bon Samaritain; — la Présentation au Temple; — Tobie; — et quantité d'autres sujets et portraits. Vingt-deux pièces en totalité.

DELAULNE (Etienne, dit STEPHANUS), *né à Orléans, vers 1520.*

64 — Six pièces, vignettes et frises.

DESNOYERS M. (Louis-Augustin BOUCHER), *né à Paris, en 1779.*

65 — La Vierge au Donataire, dite de Foligno, d'après *Raphaël.*

66 — La Vierge aux Rochers, d'après *Léonard de Vinci.*

67 — Les Vertus théologales, la Foi; — l'Espérance; — et la Charité. Trois pièces d'après *Raphaël.*

68 — La Visitation, d'après le même.

69 — Eliezer et Rebecca, d'après N. *Poussin*. Pièce encadrée.

DIÉTRICH ou DIÉTRICY, *né à Weymar, en 1712,
mort à Dresde, en 1744*.

70 — Six pièces gravées à l'eau-forte, d'après ses compositions ; — l'Adoration des Bergers (11) ; — un sujet
de pastorale; — Vue dans le goût de Polembourg ; — Paysage avec cascade ; — la Bénédiction de Jacob; — la
Danse de l'Ours (30) ; — Vieillard à grande barbe et
coiffé d'un bonnet.

DIXON, *graveur anglais en manière noire*.

71 — Le portrait de Garrick dans le rôle de Richard. Pièce
en hauteur.

DORIGNY (Michel), *né à Saint-Quentin, en 1609*.

Quatre-vingt-six pièces de son Œuvre, la plupart
d'après Simon *Vouet*, sept lots, savoir :

72 — Seize pièces de sujets religieux, dont : la Nativité
(R. D. 55) ; — la Madeleine dans le Désert (122), et
autres.

73 — Livre de diverses Grotesques peintes dans le cabinet
des bains de la reine régente. Quinze pièces (105 à 119).

74 — Morceaux d'après les peintures d'un vestibule d'une
des galeries du château de Fontainebleau (94 à 99), six
pièces ;—suite de quatre pièces octogones : la Prudence,
la Justice, la Force et la Tempérance (63 à 66). Ce lot
est composé de dix pièces.

75 — Douze pièces de divers sujets de la Fable.

76 — Sujets mythologiques et allégoriques. Suite de neuf
pièces non chiffrées (R. D. 123 à 131).

77 — Douze pièces de sujets de la Fable, de formes octogones, ovales.

78 — Douze pièces de différents sujets mythologiques.

DORIGNY (Nicolas), *fils de Michel, né à Paris, en 1657.*

Vingt pièces de son OEuvre : en quatre lots.

79 — Saint Pierre marchant sur les eaux ; — le martyre de saint Sébastien ; — et le Martyre de sainte Pétronille. Trois pièces cintrées d'après *Lanfranc, Le Dominiquin* et *Le Guerchin.*

80 — Une Sainte-Famille sur un piédestal, d'après *Carle Maratte* ;—et le Martyre de saint Dominique. Deux pièces.

81 — La coupole de l'église de Sainte-Agnès à Rome, en huit pièces, d'après *Ciroferi.*

82 — Les angles du plafond de la chapelle Sixtine et trois autres pièces de voûtes, d'après Le *Dominiquin* et *Raphaël,* en sept pièces.

DREVET (Pierre-Imbert), *né à Paris, en 1697, mort en 1739.*

83 — Adam et Ève ; — l'Annonciation ; — Jésus crucifié entre les deux Larrons, ces trois pièces d'après *Coypel;* — et le Frappement du Rocher, d'après N. *Poussin.* Quatre pièces.

84 — Jésus au Jardin des Oliviers, d'après *Restout;* estampe encadrée.

85 — Divers portraits, dont : Samuel Bernard ;— Adrienne Le Couvreur ; — Hyacinthe Rigaud ; — Vertamont ; — Titon ; — Saint-Jean-de-Dieu ; — De Tressan. archevêque de Rouen ; — et autres. Douze pièces.

DREVET (Claude). *né à Lyon, en 1710.*

86 — Le Couronnement d'Epines, d'après *Van Dyck;* — le portrait de Henri Oswald, cardinal ; — et un autre. Trois pièces.

DUCHANGE (Gaspard), *né à Paris, en 1622, mort en 1757.*

87 — Neuf pièces, dont : Jésus chassant les Marchands du Temple ; — Jésus à table chez le Pharisien, ces deux pièces d'après *Jouvenet;* — Sacrifice de Jephté, d'après

Coypel; — Thomiris faisant plonger la tête de Cyrus dans un bassin, d'après *Rubens*; — et autres.

DUFLOS (Claude), *né à Paris, en 1678, mort en 1747.*

88 — Trois pièces, savoir : Jésus baptisé dans le Jourdain, d'après *Mignard*; — les Pélerins d'Emaüs, d'après *Paul Véronèse;* — et Esculape rendant la vie à Hypolite, d'après *Leclerc*.

DU JARDIN (Carle), *né à Amsterdam, en 1640, mort à Venise, en 1678.*

89 — Vingt-sept pièces à l'eau-forte de différents sujets de paysages avec figures et animaux, par, ou d'après ce peintre-graveur.

DUPLESSI-BERTAUX, *né à Paris, en 1750, mort en 1818.*

90 — Diverses pièces à l'eau-forte, savoir : La Fête des Vieillards, d'après P. A. *Wille fils;* — Vie de l'Enfant prodigue; — suite de sujets militaires, de gueux, camées, etc., etc. Trente-quatre pièces.

Cet article formera deux lots.

DURER (Albert), *né à Nuremberg, en 1771, mort en 1528.*

91 — Vingt-huit pièces, parmi lesquelles : Saint Hubert (belle épreuve mal conservée); — divers sujets de Vierges; — le Cheval de la Mort; — Amione; — la Mélancolie, et autres sujets gravés sur cuivre et en bois, par et d'après ce peintre-graveur ou ses élèves.

Cet article formera sept lots.

DUSART (Corneille), *né à Harlem, en 1665, mort en 1704.*

92 — Six pièces à l'eau-forte d'après ses compositions : La Ventouse (B. 12); — le Chirurgien (13); — le Cordonnier renommé; — le Violon assis (15); — la Fête du Village (16); — et la Prise de Tabac offerte. Cette dernière pièce *copie.*

DYCK (Antoine Van), *né à Anvers, en 1599, mort à Londres, en 1641*.

Huit pièces gravées à l'eau-forte, par et d'après ce célèbre maître, savoir.

93 — Le Corps de N.-S. Jésus-Christ descendu de la Croix, composition de six figures. Belle épreuve, mais il y a une tache jaune sur la poitrine du Christ.

94 — Sept portraits faisant partie de l'Iconographie de *Van Dyck* (collection de cent portraits gravés à l'eau-forte, par lui-même ou terminés par d'autres graveurs sous sa direction), savoir :

1º Cinq portraits entièrement gravés par *Van Dyck* : Joannes Breughel ; — Judocus de Momper ; — Joannes Snellinx ; — Justus Suttermans ; — et Joannes de Wael.

2º Deux portraits gravés par *Scelte A. Bolswert*, d'après et sous la direction de *Van Dyck* : Joannes Batista Barbé ; — et Justus Lipsius.

Ce second article de *Van Dyck*, composé de sept pièces, sera divisé.

EARLOM (Richard), *dessinateur et graveur anglais, né en 1728, mort à Londres en 1790*.

95 — Flowers (les fleurs) ; — et fruits piece (les fruits). Ces deux pièces en manière noir, d'après *Van Huysum*. Elles sont encadrées.

76 — The holy family (la Sainte-Famille), d'après **Rubens**. Pièce encadrée.

97 — Le duc d'Arenberg. Portrait équestre d'après *Van Dyck*. Pièce encadrée.

98 — Le Jugement de Pâris ; — Sleeping Bacchus ; — Suzanne au bain ; — La Flagellation ; — Un Intérieur de cuisine ; — et sept autres pièces, fac-simile de dessins, la plupart d'après *Claude Lorain*. (Ce dernier lot pourra être divisé.)

EDELINCK (Gérard), *né à Anvers en 1639, mort à Paris en 1707.*

99 — 1° SUJETS DIVERS : La Sainte-Famille, d'après *Raphaël*, belle épr. mais avec les armes de Colbert effacés; — Le Combat des quatre Cavaliers, d'après *Léonard de Vinci*, deux épr. dont une belle et ancienne; —Moïse tenant les Tables de la Loi ; par Edelinck et Nanteuil, d'après *Ph. de Champagne; —* Jésus et la Samaritaine, d'après *le même;* — Une Sainte-Famille, d'après *Carle Maratte;* — Le Benedicité, d'après *Ch. Le Brun;* — La Vierge de Douleur, d'après *Ph. de Champagne,* belle épreuve ; — La Tente de Darius, d'apres *Ch. Le Brun,* grande pièce en deux feuilles; — La Vision parfaite du P. Chérubin d'or. cap. ; — Un sujet allégorique pour Thèse ; — L'Hérésie et la Paix ; — plus la Musique, sujet allégorique; — et une statue de Cérès. 15 pièces.

100 — 2° *Portrait de personnages de tous états et conditions,* savoir : Charles Le Brun, d'après *Langillière;* — Van den Baugart, d'après *Rigaud;* — Mansart; — Tortebat; — Descartes; — Philippe V; —Le duc et la duchesse de Toscane; — Colbert; — L'abbé Bignon; — L'abbé de Lionne; — Santeuil et autres. Quarante-quatre portraits, plus sept vignettes.

Ces deux articles, contenant ensemble soixante-six pièces, seront subdivisés en plusieurs lots.

FERDINAND (Louis).

101 — Quatorze pièces de sujets d'enfants, bas-reliefs, etc., dont : La suite en neuf pièces, intitulé : *Les vertus innocentes, ou leurs symboles sous des figures d'enfants.*

FERGUSSON (Alexandre), *graveur anglais.*

102 — Cromwell, d'après le tableau de West. Le titre est tracé seulement à la pointe.

2

18

FESSARD (Etienne), *né à Paris en 1714.*

103 — Tableau de la Gloire au dessus de l'autel des Enfants trouvés de Paris; — et Vue perspective de la chapelle des Enfants trouvés. Ces deux pièces, d'après *Natoire*; — Les six frontons de la place Royale de Bordeaux, d'après les sculptures de *Claude Francin*, et *Vandervort*; — Le buffet d'orgue de l'église Saint-Sulpice; — et sept pièces d'une suite des mœurs et usages des Chinois, dont deux seulement sont gravés par *Fessard*. En tout quinze pièces.

Cet article sera divisé.

FICQUET (Etienne), *né à Paris en 1731, mort en 1794.*

104 — Les portraits : de Françoise d'Aubigné, marquise de Maintenon, d'après *Mignard*, épr. tirée sur grand papier; — De Joliot de Crébillon, d'après *Aved*; — et de René Descartes, d'après *Franc. Hals*. Ces trois pièces sont encadrées.

FILLOUEL (Antoine-Michel), *né à Paris en 1759.*

105 — Cinq Têtes d'après *Watteau*; — et le sujet de la Visitation, d'après *P. Mignard*. En tout dix pièces.

FLIPART (Jean-Jacques), *né à Paris en 1723, mort en 1782.*

106 — Chasse à l'ours, d'après *Carle Vanloo*; — Le Gâteau des Rois; — et le Paralytique servi par ses enfants. Ces deux dernières pièces d'après *J.-B. Greuze*. 3 pièces.

FRAGONARD (Jean-Honoré), *né à Grasse en 1731, mort à Paris en 1806.*

107 — Sept pièces gravées par lui à l'eau-forte, savoir : L'Armoire, 1778, sculp. et invenit; — et six pièces d'après des grands maîtres de l'école d'Italie.

GAILLARD (Robert), *graveur français né en 1722.*

108 — La Malédiction paternelle; — et le Fils puni. Deux pièces d'après *J.-B. Greuze*.

GALLE (Corneille), *dit le vieux, né à Anvers vers 1570.*

109 — Divers sujets, dont : L'Education de la Vierge ; — Les disciples d'Emmaüs ; — Les quatre Pères de l'Eglise ; — Le Baptême de sainte Risque ; — Un *Ecce Homo* ; — La mort de Sénèque ; — Judith ; — La Broyeuse de couleurs, etc., etc., d'après *Rubens* ; — Divers portraits et frontispices. En tout quarante pièces.
Cet article sera divisé.

GALLE (Philippe), *né à Anvers en 1537.*

110 — Divers sujets tels que : Le Temps enlevant la Vérité ; —La Vierge allaitant l'Enfant-Jésus, etc., etc. ; — Fastes de la maison de Médicis ; — Combats ; — Sujets histo· riques ; — et allégoriques. En tout vingt-six pièces.

GALLE (Théodore), *né à Anvers vers 1535.*

111 — Une suite de quinze pièces de différentes fontaines et monuments ; — et un autre suite de dix-neuf exemples d'architectures et de décors d'intérieurs. En tout trente-cinq pièces.

GASPARD (Isaac).

112 — Divers sujets dont : Une Ascension ; — Une Résurrection ; — et autres de l'Ancien et du Nouveau-Testament, de la Fable, frontispices et livres, etc., etc. En tout vingt pièces.

GAULTIER (Léonard), *graveur français né en 1560.*

113 — Diverses pièces, telles que : Les Cyclopes, d'après Jean *Cousin. Rare.* — Le Mariage de la Vierge ; — Le portrait du cardinal Baronius ; — Le Jugement dernier ; L'adoration du Saint-Sacrement ; — Le mauvais Riche ; — Curtius ; — La Mort d'Hippolyte ; — Un Combat ; — Six sujets de l'Histoire sacrée, — et huit autres sujets historiques et allégoriques.
Cet article, composé en totalité de vingt-trois pièces, formera plusieurs lots.

GERMAIN (Louis), *né à Paris en 1733*.

114 — Journée du 25 juin 1791. Le roi arrivant de Varennes à Paris ; — et neuf petites pièces gravées à l'eau-forte, d'après et dans la manière de *Rembrandt* ; — Un paysage, le Coucher du soleil par *J. Daubigny*.

Cet article formera deux lots.

GHISI dit MANTUAN (Jean-Baptiste), *né à Mantoue, en 1491*.

115 — Les angles de la chapelle Sixtine au Vatican, d'après *Michel-Ange Buonarotti*. Suite de six pièces en hauteur (B. 17 à 22), plus le frontispice ; — et cinq pièces : la Sybille Persica, et autres ; ces dernières par *Adam Ghisi*.

Cet article, composé de 12 pièces, pourra être divisé.

GHISI dit MANTUAN (Diana), *sœur et élève de George*.

115 *bis*. Divers sujets, savoir : Jésus-Christ renvoyant la Femme adultère (B. 4), épreuve avant l'inscription : *Diana sculptore...* vers le milieu du bas de l'estampe ; — le Taureau Farnèse ; — l'Accouchement de Calisto ; — une Sybille ; — et une suite de quatre pièces d'après des tableaux de *Michel-Ange* de la chapelle Sixtine. En tout huit pièces.

GHISI dit MANTUAN (George), *né en 1524, fils et élève de Jean-Baptiste*.

116 — Diverses pièces, savoir : l'Ecole d'Athènes, d'après *Raphaël* (B 24), épreuve avec l'adresse du premier éditeur Hieronymus Cock ; — les Trois Parques (47), épr. avec la même adresse ; — la Calomnie accusant l'Innocence à un Juge ignorant, assisté de la Flatterie et de l'Aveuglement (61) ; — l'Intérieur d'une prison (66), épreuve sans l'inscription en dedans du trait carré ; — Marius ; — et quatre sujets de la Fable d'après *J. F. Grimaldi*. Pièces de forme ovale en longueur.

Cet article, composé de neuf pièces, sera divisé.

GILLOT (Claude), *né à Langres, en 1673.*

117 — Dix pièces à l'eau-forte d'après ses propres compositions, tels que : suite de quatre pièces allégoriques de sujets de la Fable : la Naissance, l'Education, le Mariage et les Obsèques de Satyres ; — cinq autres sujets de la mythologie ; — et une estampe d'un dessus de clavecin, d'après *Gillot*.

GIMIGNANI (Jacinto), *né à Pistoye, en 1611.*

118 — Treize pièces gravées à l'eau-forte : Antoine et Cléopâtre ; — et une suite de douze sujets d'enfants.

GLAUBER (Jean), dit POLIDOR, *né à Utrecht, en 1645.*

119 — La Nativité ; — l'Adoration des Mages ; — et trois sujets de la fable, en tout cinq pièces à l'eau-forte d'après *Gérard de Lairesse*.

GOLTZIUS (Henry), *né à Mulbrecht, en 1538, mort à Harlem, en 1617.*

120 — Diverses pièces, savoir : Tarquin et Lucrèce ; — la Charité ; — Midas puni par Apollon ; — le Serpent d'airain ; — la suite de quatre pièces de l'histoire de Ruth et Booz ; — Sujets de batailles ; — Suite de trois statues d'après l'antique : l'Apollon de Belvéder, l'Hercule Farnèse, et l'Hercule Commode ; — et autres statues et bustes.

Cet article, composé de 27 pièces, sera divisé.

GOUDT (le comte palatin Henri de), *né à Utrecht, eu 1620.*

121 — Les deux estampes de Tobie et l'Ange, d'après *Elsheimer;*— la petite et la grande ;— les mêmes sujets avec quelques différences dans la composition.

GOUPY (Joseph), *graveur anglais, né en 1729.*

122 — Quatre pièces à l'eau-forte d'après divers maîtres : Mutius Scevola ; — Archimède ; — Zeuxis ; — et Diane et ses nymphes chassant un cerf.

GRATELOUP (Jean-Baptiste), *graveur amateur, né
à Dax, en 1735.*

123 — Son OEuvre complète composée de neuf portraits
gravés avec une rare perfection au lavis avec mélange
de tailles au burin, genre particulier à cet habile et ini-
mitable artiste. Cette collection de petits portraits de
forme ovale en hauteur, sont : *J.-B. Bossuet,* d'après
H. Rigaud, figure à mi-corps ; — *le même personnage*
d'après un autre portrait du même maître, fig. presque
entière ; — *Fénelon,* d'après J. Vivien, fig. à mi-corps ;
— *Montesquieu,* d'après Dassier, buste ; — *Polignac*
(le cardinal de), d'après H. Rigaud, buste à mi-corps ;
— *Descartes,* d'après F. Hals, buste ;— *J.-B. Rousseau,*
d'après J. Aved, buste à mi-corps ; — *J. Dryden,* d'a-
près Kneller, buste à mi-corps ; — *Cornélie,* d'après
Ch. Coypel, fig. à mi-corps.

Cet exemplaire, avant la lettre, tiré sur papier de
Chine, est réuni dans un joli album en maroquin rouge
avec filets dorés, renfermé dans un double étui. Il provient d'un cadeau fait par l'auteur à mademoiselle de
Borda, ainsi que le constate un autographe de Grateloup, qui l'accompagne. Cet œuvre est très rare à ren-
contrer, surtout de la qualité de celui-ci, il n'a jamais
été mis dans le commerce, n'ayant été qu'un objet de
cadeau de la part de l'auteur à ses amis, ou aux personnes
qu'il considérait.

124 — Le portrait de Polignac. Epreuve avec la dédicace,
pièce encadrée.

GRÉEN (Valentin), *né à Londres, en 1737.*

125 — Pœtus and Arria. Pièce en manière noire en hauteur ; — et trois pièces d'après *J.-B. Greuse,* dont deux
eaux-fortes, et un fac-simile de dessin. En tout quatre
pièces.

125 bis. — GRIMALDI, dit le Bolognèse. (*Voir le n° 285 bis.*)

GUIDE (Reni, dit le), *né à Bologne, en 1575.*

126 — L'Aumône de saint Roch , — et l'Enlèvement
d'Europe, contre-épreuve. Deux pièces.

23

HAGEDOORN (Chrétien-Louis), *graveur amateur, né à Hambourg, en 1717.*

127 — Trente-sept paysages, vues champêtres ; la plupart contiennent des figures et des animaux, à un des morceaux *neue Versuche* (nouveaux essais) ; à un autre : *Landschaften, und Kopff...*

HOLLAR (Wenceslas), *né à Prague, en 1607, mort à Londres, en 1677.*

128 — Cinq pièces gravées à la pointe, savoir : la Reine de Saba, d'après Paul *Véronèse ;* — une Fête de Village, d'après D. *Teniers ;* — le Bon Samaritain ; — l'Adoration des Bergers ; — et un paysage d'après *Van Artois.* Plusieurs de ces pièces proviennent de la collection de F. Basan.

HOOGHE ou **HOOGE** (Romyn de), *né à La Haye, en 1608, mort à Londres, en 1677.*

129 — Le siège de Naerden ou Coeverden, en 1673 ; — Réception de Guillaume II en Hollande, pièce capitale en neuf sujets et compartiments : — Maître Aliborum, dit le Docteur Fariolle ; — et autres sujets historiques. En tout huit pièces.

HOUBRAKEN (Jacques), *né à Dordrecht, en 1698, mort en 1780.*

130 — Les portraits : de Cornelis Troost, de Thomas Otway, de Jean-Jacob Vischer, de Molière, d'Adrien Van Ostade et autres personnages. Vingt-et-une pièces.

HUCHTENBURGH (Jean Van), *né à Harlem, en 1646, mort à Amsterdam, en 1733.*

131 — Divers sujets de batailles, d'après *Van der Meulen,* six pièces ; — plus, le Passage du Rhin, d'après le même, par *Crépy.* En tout sept pièces.

HUET J.-B.), *né à Paris, en 1745.*

132 — Huit pièces gravées à l'eau-forte d'après ses propres compositions ; — le Départ de Jacob ; — et sept feuilles d'études d'animaux, dont plusieurs sont par deux sujets par planches.

HURET (Grégoire), *né à Lyon, en 1610.*

133 — Treize pièces gravées au burin, la plupart d'après
ses propres compositions, savoir : le Vœu de Louis XIII ;
— les Justes souhaits de la France victorieuse; — Joseph
se faisant connaître à ses frères ; — Saint Joseph meurt
dans une heureuse vieillesse; — J.-C. chassant les marchands du Temple; — le portrait de Bayle; — et divers
sujets allégoriques et frontispices de livres.
Cet article sera divisé.

JEAURAT (Edme), *né à Paris, en 1692, mort en
1738.*

134 — Entrevue de Louis XIV et de Philippe IV dans l'Isle
des Faisans ; — et mariage de Louis XIV avec l'Infante
d'Espagne. Deux pièces d'après Charles *Le Brun.*

INGOUF (François-Robert et Pierre-Charles), *nés à
Paris, en 1746 et 1747.*

135 — Canadiens au tombeau de leurs enfants, d'après
Le Barbier; — le portrait de Gérard Dow, d'après ce
peintre; —Jeune Fille à la Rose, d'après *J.-B. Greuze;*
— la Mère contente, d'après *Wille fils;* — et autres
sujets. En tout huit pièces.

JODE (Pierre de), *né à Anvers, vers 1602.*

136 — Divers sujets, savoir : le Miracle de saint Martin de
Tours, d'après *Jordaens,* grande estampe encadrée ; —
une Sainte-Famille d'après *Le Titien;* — la Guérison du
Paralytique, d'après *Van Dyck;* — Ecce Homo, d'a-
près *Diepenbeck;* — la Visitation, d'après *Rubens;* —
les Trois Grâces, d'après le même ; — quatre sujets de
frontispices; — et les portraits de : Jacques Jordaens,
Simon Vouet, et Jacques d'Ennetières ;— plus six pièces
de sujets de l'Histoire d'Alexandre, par *Gérard de Jode.*
En tout dix-neuf pièces

Cet article formera plusieurs lots.

LA BELLE (Etienne de, ou Stephanino Della BELLA, dit), *né à Florence, en 1610, mort en 1664.*

137 — Différents sujets de l'Histoire sacrée et autres ; — vue du Pont-Neuf de Paris ; — le Reposoir ; — vignettes, décorations, fleurons, combats, costumes, portraits, etc.

Cet article, composé de trois cent quatre-vingt-dix-huit pièces, sera divisé.

LAIRESSE (Gérard de), *né à Liége en 1640, mort à Amsterdam en 1711.*

138 — Divers sujets historiques et de la mythologie, savoir : Le Sacrifice d'Iphigénie ; — Créuse et Ascagne ; — Frontispices et sujets allégoriques. En tout, dix pièces.

LANGOT (François), *né à Melun, vers 1650.*

139 — Saint Thomas. Grande pièce en hauteur, gravée au burin, sujet de demi-figure.

LASNE (Michel), *né à Caen, en 1596.*

140 — Divers sujets et portraits, savoir : Une Sainte-Famille, d'après *Rubens* ; — La Sainte-Vierge et l'Enfant-Jésus ; — La Vision de saint Antoine. Ces deux pièces d'après *Simon Vouet* ; — La Visitation, — et autres ; — et les portraits de : Jacques Callot, Simon Vouet, Tremblet, sculpteur; Dupleix, Doria, duc de Gènes; Ant. de Lomenie, Marescot, docteur; Louis Petit, marquis de Roissy, Dominique Seguier, Pierre Seguier (deux différents), et autres. En tout vingt-trois pièces.

Cet article sera divisé.

LAUWERS (Nicolas et Conrad), *nés à Leuse, dans les Pays-Bas, en 1620 et 1622.*

141 — Le Christ descendu de la croix ; — Les quatre Evangélistes ; — Le martyre de saint Sébastien ; — Une Sainte-Famille, d'après Rubens. Ces quatre morceaux, par *Nicolas* ; — Une Sainte-Famille, d'après *Sciavone*; — Philémon et Baucis, d'après *Jordaens*. Ces deux derniers morceaux par *Conrad*. En tout six pièces.

Cet article pourra être divisé.

LE BAS (Jacques-Philippe), *né à Paris en 1708, mort en 1783.*

142 — Divers sujets d'après *David Teniers, Nicolas Berghem*, et autres maîtres; dont : Les Sept œuvres de miséricorde; — Les grandes et petites Kermesses ou réjouissances flamandes, etc. ; — Le Midi ; — L'après Diner, etc. ; et plusieurs petites vignettes. En tout quatre-vingt-quinze pièces

Cet article formera plusieurs lots.

143 — La Récompense villageoise, d'après *Claude Lorain.* Pièce encadrée.

LECLERC (Sébastien), *né à Metz en 1637, mort à Paris en 1714.*

144 — Diverses pièces de son œuvre, parmi lesquelles se trouvent : Les Devises pour les tapisseries des quatre éléments ; — et celles des quatre Saisons, d'après *Ch. Le Brun* ; — La Multiplication des pains ; — Le *Puer Parvulus* ; — Médaillons ; — Vignettes ; — Catafalques; — Décorations ; — Trois pièces de la suite des batailles d'Alexandre ; — Démolition du Temple de Charenton ; — Une vignette pour l'Édit de banissement des Jésuites du 25 février 1761, etc., etc.

Cet article, composé de trois cent trois pièces réunies en un volume, pourra être divisé.

LEEUW (Guillaume de), *né à Anvers en 1602.*

145 — Chasse au sanglier, d'après *Rubens.* Grande pièce en largeur, ép. sans marges.

LEPAUTRE (Jean), *né à Paris en 1617.*

146 — Soixante-neuf pièces détachées gravées à l'eau forte, d'après ses compositions et différents maîtres, sujets de la Mythologie, de l'Histoire ancienne, de l'Ancien et du Nouveau-Testament; — Paysages, vues diverses, décors, ornements, frises, etc., etc.

Cet article sera divisé.

27

LEVASSEUR (Jean-Charles), *né à Abbeville en 1734*.

147 — La Laitière — et la Belle-Mère. Deux pièces d'après J.-B. *Greuze.*

LIEVENS ou LIVIUS (Jean), *né à Leyde en 1607.*

148 — Le portrait du docteur Ephraïm Bonus.

LOIR (Alexis), *né à Paris en 1640.*

149 — La Présentation au Temple, d'après *Jouvenet*; — Jésus descendu de la croix, d'après le même; — La Chute des anges rebelles, d'après *Ch. Le Brun*; — Estampe en deux feuilles; — et trois pièces d'après *Nicolas Loir*, son frère : Vénus et Adonis; — Diane et Endymion; — et une Sainte-Famille, dans une bordure ovale en travers.

Cet article, composé de six pièces, formera deux lots.

LOIR (Nicolas), *né à Paris en 1624.*

Diverses pièces à l'eau-forte, d'après ses propres compositions.

150 — Suite de douze sujets de Vierges et Sainte-Famille. (R. D. 1 à 12 de l'œuvre) 1er état avant les numéros et l'adresse de Pierre Mariette. *Très rares.*

151 — Cléobis et Biton attelés au char d'Argie leur mère. (16). 4e état.

LUCAS DE LEYDE, *né à Leyde, en 1494, mort en 1533.*

152 — Joseph en prison ; — Jésus conduit au Calvaire portant sa croix ; — Une Résurrection. Trois pièces d'après ses compositions.

LUTMA (Jean), *né à Amsterdam, vers 1609.*

153 — Les portraits de : Janus Lutma; — de Joannès Lutma; — De C.-P. Hooft; — et de J. Vondelius. Quatre pièces gravées à l'eau-forte et au ciselet ou maillet. Genre particulier à ce graveur.

MABUGE (Joannès).

154 — Une grande pièce en largeur gravée au burin, représentant la célébration du saint sacrifice de la messe

par un pape. On lit à gauche : *Joannès Mabuge inu* ; et à droite : *Nicolas Lecat. Excud. Antuerpiæ. Rare.*

MAITRE AU DÉ (LE).

155 — Apollon tuant le serpent Python ; — Une bataille des Romains ; — et Marche triomphale après la victoire. Trois pièces avec la marque de ce graveur. (Un dé à jouer.)

MAITRE AU GRIFFON (Le).

156 — Saint Augustin convertissant les hérétiques. — Pièce avec la marque de ce graveur. (Un griffon)

MAITRE AU NOM DE JÉSUS (Le).

157 — L'Enlévement des Sabines. Cette *estampe parait avoir appartenu à M. de Marolles, d'après ce qui est écrit derrière* ; — et une autre petite estampe en hauteur. Sujet de l'Histoire romaine. Deux pièces.

MANTEGNE (Andrea), *né à Padoue en 1431, mort en 1517.*

158 — La Résurrection ; — Jésus-Christ descendant aux limbes ; — Un sujet Mythologique. Trois pièces; — plus une gravure en bois, représentant un Calvaire pour décoration d'autel, attribuée aussi à *Mantègne*, par M. Robelot. En tout quatre pièces.

Cet article sera divisé.

MARATTE (Carle), *né à Camerano en 1625.*

159 — Jésus et la Samaritaine. Cette eau-forte porte la date de 1649. Pièce attribuée à Maratte.

MARC-ANTOINE RAIMONDI, *né à Bologne en 1488, mort en 1546.*

Diverses pièces de ce graveur célèbre, la plupart d'après Raphaël, savoir :

160 — 1° *Sujets de l'Ancien et du Nouveau-Testament; de l'Histoire profane; de la Mythologie; sujets allégoriques et de fantaisies*, savoir : Dieu ordonne à Noé de bâtir l'Arche. *Rare.* (B. 3).; — David coupant la tête de Goliath. *Rare.* (10) ; — Les cinq sens. (40) ; — Saint Paul pré-

chant à Athènes (44) ; — Le martyre de saint Laurent,
(104), ép. en mauvais état de conservation ; — Le martyre de sainte Félicité. *Rare.* Epreuve de la première
planche, où ne se voit pas l'oreille droite de la sainte.
Estampe un peu rognée par le bas (117) ; — Le Triomphe, ou bas-relief de Marc-Aurèle. *Très rare* (213).
Epreuve collée entièrement ; — Le Jugement de Pâris,
belle épreuve de la plus parfaite estampe de Marc-Antoine, et en bon état de conservation (245) ; — La même
pièce répétée, épreuve moins brillante que la précédente
(245) ; — Apollon assis sur le Parnasse (247) ; — Neptune
apaisant la tempête, pièce dite : Le *quos ego* (352) ;
— Trajan couronné par la Victoire (361) ; — Chasse aux
lions (422).

161 — 2° *L'Histoire de Psyché* en trente-deux sujets, suite
incomplète. Vingt pièces seulement ; n° 1 à 8-18-19 —
21 à 24-27-28 — 30 à 32, et la pièce n° 21 répétée.

162 — 3° *Pièces gravées par Marc-Antoine, d'après des
estampes d'Albert Durer.* Trois pièces de la Passion de
Jésus-Christ, n° 14-15 et 20 de cette suite ; — et l'Adoration des Rois, d'après une estampe sur bois.

163 — 4° *Pièces par des graveurs anonymes et autres du
temps et de l'école de Marc-Antoine* : L'Augure Accius
coupant une pierre en présence du roi Tarquin, d'après
Pollidore, pièce non décrite par Bartsch ; — Les Grim-
peurs, pièce en hauteur, par *Michel Luchese,* d'après
Michel-Ange ; — Le Banquet des Dieux ; — et une Muse
ailée, petite pièce en hauteur en très mauvais état de
conservation.

Ces quatre articles de Marc-Antoine, composés en
totalité de 39 estampes, formeront 15 lots.

MARC DE RAVENNE, *élève de Marc-Antoine, né vers
1496, mort en 1550.*

164 — Victoire de Scipion ; — Le palais de la Mort. Deux
pièces.

AUGUSTIN VÉNITIEN (DI MUSI, dit), *élève de Marc-Antoine né dans l'état de Venise, vers 1490.*

164 *bis* — La Nativité (17), ép. avant l'adresse Ant...Sal...; — Le Combat de cavaliers; — et l'Offrande à Priape. Trois pièces.

MARCENAY DE GHUY (Antoine de), *né à Arnay-sur-Arou, en 1722, mort à Paris en 1811.*

165 — Dix pièces, savoir : Le portrait de Tintoret, d'après ce maître (R. D. 2) ; — L'Amour fixé (20), allégorie d'après *Lebrun* ; — Les portraits de Charles V, roi de France, dit le Sage (28); — Du duc de Brunswich (40), d'après *Lafontaine*; — De Marie-Antoinette, princesse royale de Pologne, représentée dans un médaillon attaché à une pyramide, d'après un pastel peint par cette princesse (41) ; — De Victor Riquety, marquis de Mirabeau (43) ; — plus quatre pièces non décrites par Regnault Delalande : Le portrait de Van Dyck, vu de trois quart, tête nue, une fraise au cou; — et trois petites têtes.

MARIETTE (Jean), *né à Paris en 1654, mort en 1742.*

166 — Jésus au Jardin des Oliviers, d'après *Ch. Le Brun* ; — Le portrait de W. Droost; — Diverses vignettes; — et eaux-fortes, copies de Rembrandt. En tout six pièces.

MARINUS (Ignace), *florissait à Anvers dans le XVIIe siècle.*

167 — Trois pièces d'après *Rubens* : Saint François Xavier guérissant les malades (16); — Saint Ignace de Loyola, guérissant les possédés (24) ; — et une Fuite en Egypte.

MARTINI (Pierre-Antoine), *né à Paris en 1739.*

168 — Divers sujets d'après *Téniers, Berghem, Ostade, Salvator Rosa, Rembrandt* et autres maitres. En tout quatorze pièces dont plusieurs sont terminées par *Lebas*.

MASQUELIER (Louis-Joseph), *né à Lille en 1741*.

169 — — Cinq pièces, dont ; l'Enlèvement de Dejanire , d'après *Luca Giordano* ; — Vue de Flandre, d'après *Téniers* ; — Le Pâtre et le Taureau, d'après *Paul Potter*, etc.

MASSARD père (Jean), *né à Bellesme en 1740, mort à Paris en 1822*.

170 — Charles Ier et sa famille, d'après *Van Dyck* ; — La dame bienfaisante ; — et une Tête de jeune fille, d'après *Greuze*. Trois pièces.

MASSARD (M. Jean-Baptiste Raphaël-Urbain), *né à Paris en 1775, fils et élève de Jean Massard*.

171 — Plusieurs pièces d'après différents maîtres, savoir : Sainte Cécile, d'après *Raphaël* ; — Une eau-forte de l'estampe d'Hypocrate ; — et sept pièces pour la galerie de Florence ; — Présentation au Temple ; — Une Sainte-Famille ; — Descente de croix ; — Magdeleine pénitente , — Vénus au hibou ; — Sommeil d'Endymion ; — et les Trois Grâces. En tout neuf pièces.
Cet article pourra être divisé.

MASSARD (Jean), *né à Paris, frère de M. Jean-Baptiste-Raphaël-Urbain Massard*.

172 — Les Cinq Saints, d'après *Raphaël*. Épreuve avant la lettre.

MASSON (Antoine) *né à Louvry, près d'Orléans, en 1636, mort à Paris en 1700*.

173 — Jésus à table avec deux de ses disciples dans le château d'Emmaüs, d'après le tableau du *Titien*, au musée royal (R. D. 5.), morceau connu sous le nom de *la Nappe*. Belle épreuve provenant de la calcographie.

174 — Cinq portraits, savoir : Du comte d'Harcourt, dit *Cadet à la Perle*, d'après *N. Mignard* (nº 34), belle épreuve, mais la marge du bas est coupée en partie ; — De Guillaume de Brisacier, d'après le même (nº 15) ; — De Hardouin de Perrefix, d'après le même (nº 61) : — De

Turenne, par et d'après *A. Masson* (n° 65); — et de
Abelly, évêque de Rodez (n° 8).

Cet article pourra être divisé.

MATHAM (Jacques), *né à Harlem en 1571, mort
en 1631*.

175 — Le martyre de saint Marc; — La statue de saint André, d'après le marbre de *Michel-Ange*; — Abraham renvoyant Agar; — L'Amour terrassant un Satyre; — et
un Intérieur de cuisine. Cinq pièces.

MAUPERCHÉ (Henry), *graveur français florissait à
Paris dans le XVIIe siècle.*

176 —Quinze Paysages avec sujets de l'Ancien et du Nouveau
Testament, savoir : L'histoire de Tobie, —L'Enfant prodigue; — L'Annonciation; — La Nativité; — L'Adoration des Mages; — La Fuite en Egypte, etc., etc.

MAZZUOLI (François, dit le PARMESAN), *né à Parme
en 1504, mort en 1540.*

177 — Un Guerrier devant lequel on amène des prisonniers.
Eau-forte.

MELLAN (Claude), *né à Abbeville en 1598, mort en
1688.*

178 — Divers portraits, tels que ceux de : Cardinal Bentivoglio; — Ignace Loyola; — Petrus Gassendus; — Pierre
de Berrule, etc., etc.; — et divers sujets de Vierges et
autres, d'après *Vouet* et autres maîtres.

Cet article, composé de vingt-sept pièces, peurra être
divisé.

MEYERINGH (Albert), *né à Amsterdam en 1645.*

179 — Dix paysages à l'eau-forte, savoir : Le Coup de fusil
(15); — La Fontaine mutilée (17); — La Barque (18);
— et les n° 20 à 24 de son œuvre. Plus deux autres
pièces.

MOLA (Pierre-François), *né à Coldore, dans le Milanais, en 1621, mort à Rome en 1666.*

180 — Le Repos en Egypte.

MOLYN (Pierre de) surnommé **TEMPEEST** *né à Harlem vers 1643.*

181 — L'Étoile des Rois. Très belle épreuve. *Rare.*

MONTAGNE (Nicolas), ou de **PLATE MONTAGNE** *né à Paris en 1631, mort en 1706.*

182 — Le Corps de Jésus dans le sépulcre, d'après Philippe de Champagne (R. D. 9.).

MORGHEN (Raphaël), *né à Naples vers 1760.*

183 — Le Char de l'Aurore, d'après *Le Guide.* Belle épreuve estampe encadrée.

184 L'Image de la vie humaine, ou le Temps faisant danser les heures d'après *N. Poussin.* Estampe encadrée.

185 — Sainte-Famille, d'après le *Titien.* Epreuve avant la lettre.

MORIN (Jean), *né à Paris en 1639.*

186 — Neuf portraits : Le cardinal de Richelieu ; — Charles Borromée et autres.

NANTEUIL (Robert), *né à Reims en 1630, mort à Paris en 1678.*

187 — Les portraits : Du grand Turenne dans sa jeunesse ; — De J.-B. Colbert (R. D. 71); — et du cardinal de Richelieu (218). Trois pièces.

NATALIS (Michel), *né à Liége en 1689.*

188 — Un sujet de Sainte-Famille, avec sainte Anne et le jeune saint Jean, d'après *N. Poussin.*

189 — Un autre sujet de Sainte-Famille, d'après *Sébastien Bourdon.*

190 — L'Assemblée des Chartreux, grande pièce en six morceaux d'après *Bertholet Flemael.*

191 — Cinq portraits de divers personnages.

NEEF (Jacques), *né à Anvers en 1639.*

192 — Le martyre de saint Liévins; —Jésus devant Pilate; — Le Satyre chez le Paysan qui souffle le chaud et le froid; — et un sujet de frontispice. Quatre pièces.

PARROCEL (Joseph), *né à Brignolles en 1648.*

193 — Les Mages viennent d'Orient adorer Jésus-Christ;
(R. D. 26); — La Circoncision (27); — La Fuite en
Egypte *(31).* Trois pièces d'après ses propres composi-
tions.

PARROCEL (Charles), *fils de Joseph Parrocel, né à
Paris en 1688, mort en 1702.*

194 — Deux pièces d'après ses propres compositions, savoir:
Le Cheval dans le travail (R. D. 13); — et les Pê-
cheurs (24).

PARROCEL (Etienne).

195 — Le Triomphe de Mardochée, grande pièce gravée à
l'eau-forte d'après *de Troy.*

PAS OU PASSE (Crispin Van), *né en Zélande en 1546.*

196 — Sujets divers, costumes, allégories, portraits et autres. Vingt-sept pièces.

PERRIER *(*François), *né à Mâcon en 1590,   ort à
Paris en 1650.*

Soixante-quatorze pièces de son œuvre, savoir :

197 — Les Bas-Reliefs de Rome, suite de cinquante-cinq
morceaux (R. D. 142 à 195). 2e état. La planche n° 29 de
cette suite manque. Reste 54 estampes pour ce lot.

198 — Les Angles de la Farnesine, suite de dix morceaux
(21 à 30); — plus deux pièces en forme de frise : le
plafond de la Farnesine ; — Psyché admirée à l'Olympe;
— et les noces de l'Amour et Psyché (33 et 34). En tout
pour ce lot quatorze pièces.

199 — Huit estampes diverses: Sainte-Famille *(3)* ; — La
Nativité (13) ; Allégorie (16); — Les Noces de l'Amour
et Psyché (34) ; — Saint Antoine, enlevé au ciel (14);—
et cinq autres pièces.

PESNE *(*Jean), *né à Rouen en 1623, mort à Paris
en 1700.*

200 — La grande Sainte-Famille servie par les anges d'a-
près N. *Poussin* (R. D. 16). 2e état avant l'adresse de

Drevet ; — Portrait de Nicolas Poussin (6), épr. sans marges ; — et deux pièces à l'eau-forte, fac-similé de dessins d'Annibal Carrache et du Titien. Quatre pièces.

PICART (Etienne), surnommé le ROMAIN, *né à Paris en 1631, mort à Amsterdam en 1721.*

201 — Le Silence de la Vierge, d'après A. *Carrache* ; — et vignettes, titres de livres, cérémonies religieuses et autres sujets. Vingt pièces par *Bernard Picart.* En tout vingt et une pièces.

PLONSKI *graveur hollandais, né dans le siècle dernier.*

202 — Vingt pièces, études et sujets divers gravés à la pointe, par ce graveur hollandais.

POILLY (François de), *né à Abbeville en 1622, mort à Paris en 1693.*

203 — Saint Charles Borromée, donnant la communion aux Pestiférés, d'après *Mignard*, épreuve du 1er état de la planche, ou le saint présente l'hostie de la main gauche; — La même estampe du 2e état, ou le saint présente l'hostie de la main droite; —La Nativité d'après le *Guide*, estampe de forme octogone; — Saint Barnabé et saint Paul ; — Saint Jean l'Évangeliste ; — La Visitation ; — et deux portraits.

Cet article, composé de huit pièces, formera trois lots.

POILLY (François de), *second fils de Nicolas, mort a Rome en 1723.*

204 — Sainte Cécile distribuant ses biens aux pauvres, d'après le *Dominiquin.* Pièce en hauteur encadrée.

POILLY (Jean-Baptiste de), *fils aîné de Nicolas.*

205 — Divers portraits, tels que ceux de : Robert Sorbon, Arius, Racine, Pierre Richelet, Anne Lefèvre, François Rivard, Madelaine de Scudéri, Jean Georges de Souillac, François de Troy, le duc de Noailles, et J.-B. Alaydon. Plus la statue de la Vénus accroupie, d'après l'antique, et l'antre de Vulcain, d'après *Pierre Mignard.* En tout treize pièces.

Ce lot pourra être divisé.

POMPADOUR (Jeanne-Antoinette **POISSON**), marquise de).

206 — Trois pièces gravées à l'eau-forte par cette artiste amateur, savoir : L'Aurore ; — et une Bacchanale. Deux sujets en hauteur, en forme de frises ; — et un portrait antique, d'après une cornaline.

PONTIUS OU DUPONT (Paul), *né à Anvers en 1596.*

207 — Divers sujets, d'après *Rubens*, *Van Dyck* et *Jordaens*, parmi lesquels se trouvent plusieurs belles et anciennes épreuves, savoir : Le Portement de croix ; — La Présentation au Temple ; —Le Massacre des Innocents ; pièces en deux feuilles ; — La chaste Suzanne ; — Jésus-Christ conduit au Calvaire ; — Le Corps de Jésus-Christ sur les genoux de la Vierge ; — Thomiris faisant plonger la tête de Cyrus dans un bassin. Deux pièces, dont une en contre-partie ; —Une Fuite en Egypte, d'après J. *Jordaens* ; — Les Stigmates de saint François ; — Sainte Rosalie ; — Le Serpent d'airain ; — et autres. En Tout quatorze pièce en quinze feuilles. Dans le nombre deux ou trois pièces étrangères à ce graveur.

Cet article formera plusieurs lots.

208 — Dix portraits d'après *Antoine Van Dyck faisant partie du recueil intitulé : Iconographie de Van Dyck*, savoir : Baelen (Henri-Van) ; — Bazan (don Alvar de) ; — Gervatius (Gaspard) ; — Mirœns (Aubert) ; — Nassau (Jean comte de) ; — Pontius (Paul), par lui-même ; — Scribanius (Charles) ; — Rockox (Nicolas) ; — Rubens (Pierre-Paul) ; — et Snayers (Pierre). Ce dernier portrait gravé par *André Stock*. Epreuve avant le nom du graveur, et avec le nom du peintre représenté, écrit *Snaeyers*.

PORPORATI (Charles-Antoine), *né à Turin en 1741, mort en 1816.*

209 — Suzanne au bain ; — La Mort d'Abel ; — et le bain de Léda. Trois pièces par *Porporati* ; — Plus Psyché et l'Amour, par *M. Pradier*. En tout quatre pièces. Un seul lot.

POTTER (Paul), *né à Enkhuisen, en 1625, mort à Amsterdam en 1654.*

210 — Etude de Vaches, chevaux et autres animaux par et d'après Paul *Potter*.

PREISLER (Jean-Georges), *né vers 1740, élève de J.-G. Wille.*

211 — Dédale et Icare, d'après **J.-M.** *Vien*. Pièce encadrée.

REMBRANDT (Paul Van RHYN, dit), *né en Hollande, le 15 juin 1606, mort à Amsterdam, en 1674.*

212 — Cent quarante-cinq pièces de son œuvre, dont cent sept pièces sont originales, et trente-huit sont copies ou gravées dans sa manière, savoir :

1re CLASSE. (Du catalogue de *Claussin*). PORTRAITS : huit pièces (nos 4-7-17-19-20-22-26 et 32).

2e CLASSE. *Sujets de l'Ancien-Testament.* Adam et Ève dans le paradis terrestre, et autres (nos 34-38 *et copie,* 39 *et copie,* 41-42-43 *et copie,* et 47). Dix pièces.

3e CLASSE. *Sujets du Nouveau-Testament :* L'Annonciation aux Bergers ; — l'Ecce Homo, ou Jésus couronné d'épines ; — la Descente de Croix, ces deux grandes pièces *encadrées;* — et autres morceaux en feuilles : (nos 48-49-50-51-53-55-56-57-59-61-64-67-73 *et copie,* 74-75-76-77-79-82-83 *et rep.,* 84 *et copie,* 85-87-91-94 *et copie,* 95-96-97-100-101 et 102). Trente-six pièces.

4e CLASSE. *Sujets pieux :* Saint Jérôme (103) ; — autre saint Jérôme (104) ; — encore autre saint Jérôme (105). Trois pièces.

5e CLASSE. *Sujets allégoriques, historiques et de fantaisie,* dont : la Médée (114) ; — trois figures orientales (120) ; — les Musiciens ambulans (121) ; — et autres (122-123-124-126-129-130-136-137-140 *et copie,* 141-145). Seize pièces.

6e CLASSE. *Gueux et mendiants,* dont : le Paysan avec sa Femme et son Enfant (132) ; — et autres (161-167-173-174 et 175). Sept pièces.

7e CLASSE. *Sujets libres et figures académiques,* dont :

le Lit à la française (183) ; — l'Espiègle (185) ; — et autres (187-191-192-193-195 et 198). Huit pièces.

8ᵉ CLASSE. *Paysages :* le Paysage au Carosse (212) ; — et cinq autres morceaux. En totalité, six pièces.

9ᵉ CLASSE. *Portraits d'hommes,* dont : Vieillard à grande barbe et bonnet fourré (250) ; — et autres (260-262-266-267-269-270-272-273-274 *et copie,* 276-278-279-280-280-281-282 et 305). Vingt-trois pièces.

10ᵉ CLASSE. *Têtes d'hommes de fantaisie,* dont : troisième tète orientale (285) ; — Vieillard à grande barbe (287) ; — et autres (314 et 328). Quatre pièces,

11ᵉ CLASSE. *Portraits de femmes :* Petite Mariée juive (332) ; — et autres (333-334 *et copie,* 338-339 et 344). Sept pièces.

12ᵉ CLASSE. *Griffonnements, études de têtes :* cinq pièces, dont : (nᵒˢ 355-358 et autres).

13ᵉ CLASSE. Pièces non indiquées dans le Catalogue de Claussin, ou imitées de Rembrandt. Onze pièces.

Cet article de Rembrandt formera trente-huit lots.

RIBERA (Joseph), dit L'ESPAGNOLET, *peintre et graveur espagnol, né à Valence, en 1588, mort à Naples, en 1656.*

213 — Saint Jérôme saisi de frayeur à la vue d'un ange sonnant la trompette du jugement dernier (B. 4).

214 — Le même sujet : au lieu de l'ange, on ne voit que deux mains qui tiennent une trompette (5).

215 — Le martyre de saint Barthélemy, pièce la plus capitale du maître (6).

216 — Saint Pierre pleurant son péché (7).

217 — Silène couché près d'une cuve (13).

RICHOMME (M. Joseph-Théodore), *né à Paris, en 1785, membre de l'Institut.*

218 — Neptune et Amphytrite, d'après *Jules Romain.* Pièce encadrée.

219 — Jacob tue le serpent qui allait attaquer Rachel, d'après le tableau de *Gérard.* Epreuve avant la lettre.

ROSA (Salvatore), *né à Naples, en 1615, mort à Rome, en 1675.*

220 — Diogène avec son écuelle (B. 5) ; — Alexandre et Diogène (6) ; — Démocrite en méditation (7) ; — Polycrate attaché en croix ; — un génie, et diverses suites de caprices, études de figures, soldats et autres. En tout, soixante-trois pièces.

Cet article sera divisé.

ROULLET (Jean-Louis), *né à Arles, en 1645, mort à Paris, en 1699.*

221 — La Vierge au Raisin, d'après *Mignard* ; — la Vierge et l'Enfant-Jésus, d'après A. *Carrache* ; — les trois Maries au tombeau de J.-C. ; — et une Assomption, petite pièce en largueur. Quatre pièces.

222 — Le Christ mort sur les genoux de la Vierge, d'après Annibal *Carrache*. Estampe encadrée.

RUBENS (Pierre-Paul), *né à Anvers, en 1577, mort en 1640.*

223 — Une vieille femme ayant un panier au bras droit, tenant de la main gauche une chandelle à laquelle un jeune garçon vient allumer la sienne. Cette estampe, dit Basan, que l'on attribue mal à propos à Corneille *Visscher*, est certainement de *Rubens* qui la grava lui-même à l'eau-forte, et qui, après en avoir fait tirer quelques épreuves, la fit terminer au burin par *Pontius* ou par *Vorsterman*. Il existe deux copies de cette estampe, l'une par *Soutman*, qui l'a gravée en sens opposé, et l'autre par Jac. *Stohl*. 1646.

RUYSDAEL (Jacques), *né à Harlem, vers 1635, mort en 1681.*

224 — Trois pièces de son œuvre, savoir : la Grande Chaumière (Bartsch, n° 1) ; — paysage pittoresque au Vieux-Chêne (2) ; — Chaumière sur un lieu élevé (3).

SAENREDAM (Jean), *né en Hollande, vers 1570, mort en 1607.*

225 — Suzanne au bain ; — le Guerrier mourant ; — An-

dromède délivrée par Persée; — les Laboureurs prosternés devant Cérès. Ces quatre pièces, d'après H. *Golt-*
zius; — le Prophète Elie, d'après A. *Bloëmaert*; — et
autres. En tout, sept pièces.

SAINT-NON (L'abbé Richard de), *graveur-amateur.*
226 — Cent-quatre-vingt-dix pièces gravées à l'eau-forte
et au lavis, d'après des compositions de grands maîtres;
— suite de paysages, vases antiques, ornements, etc.
Un seul lot.

SALVIATI (François), *peintre italien.*
227 — Fête et sacrifice au dieu Priape, grande pièce en
deux morceaux, gravée à l'eau-forte d'après *Salviati.*

SARTE (Andrea Vannuchi, dit del), *né à Florence, en*
1478, mort en 1520.
228 — Une sainte, les mains jointes; à gauche on lit : *An-*
drea del Sarto, inve. sculpt.;— le Jugement de Salomon,
d'après Raphaël; — Hébé, ces deux pièces sans aucuns
titres, noms de graveur, ni monogrammes; — et le corps
de J.-C., auprès duquel se trouvent Marie et saint Jean.
On lit à gauche, vers le milieu : A. SARTO fecit. En
tout, quatre pièces d'après *André del Sarte.*

SCHMIDT (Georges-Frédéric), *né à Berlin, en 1712,*
mort en 1775.
229 — Divers portraits, dont : l'archevêque de Cambrai;
— Gabriel de Tubières de Caylus; — Mlle Clairon; —
Adrienne Le Couvreur; — Guillaume, roi de Prusse:—
Law, contrôleur des finances; etc.; — une Sainte-Fa-
mille d'après *Van Dyck*; — paysages, et autres sujets.
Treize pièces.
Cet article pourra être divisé.

SCHMUZER (Jacques), *né à Vienne en Autriche, en*
1733.
230 — Mutius Scævola et Porsenna, d'après *Rubens.* Pièce
encadrée.

SCHONGAUER, dit SCHOEN (Martin), *le plus ancien des graveurs allemands dont le nom soit connu, né a Culembach, en 1420, mort à Colmar, en 1499.*

231 — Jésus au jardin des Oliviers. Pièce gravée en 1470. Belle épreuve, mais détériorée en plusieurs endroits.

SILVESTRE (Israël), *né à Nancy, en 1621, mort à Paris, en 1691.*

232 — Vingt-huit pièces de différents paysages, d'après ses compositions; — vues de France et d'Italie. Dans ce nombre un joli dessin à la plume

SOUTMAN (Pierre), *peintre et graveur, né à Harlem, à la fin du XVI° siècle.*

233 — La Chasse au Sanglier, grande pièce en larg., d'après *Rubens*; — le Sacre d'un Évêque; — la Caravane d'un Sultan; — et la Vieille Coquette. Quatre pièces.

234 — La défaite de Sennacherib, d'après *Rubens*. Belle épreuve d'une pièce capitale du maître. Estampe encadrée.

STEEN (François Van Den), *né à Anvers, en 1604.*

235 — Le corps de Jésus descendu de la croix entre les bras de Marie soutenue par des anges ; — une Sainte-Famille avec saint François; — et le portrait de Cornille Cort. Trois pièces.

STELLA (Claudine BOUZONNET), *née à Lyon, en 1636, morte à Paris, en 1697.*

236 — Jésus crucifié entre les deux Larrons, d'après N. *Poussin*. Grande pièce en largueur, dite le grand Calvaire.

237 — La Passion de N.-S. Jésus-Christ en quatorze pièces, d'après *le même*.

STELLA (Antoinette BOUZONNET).

238 — L'entrée de l'empereur Sigismond à Mantoue, gravée en 25 feuilles d'après une longue frise, etc., etc., d'après *Jules Romain*.

STRANGE (Robert), *né aux îles Orcades, en 1723, mort à Londres, en 1795.*

239 — La mort de Didon; — Cléopâtre et la Fortune; — et Cupidon. Trois pièces.

SUBLEYRAS (Pierre), *né à Uzès, en 1699, mort à Rome, en 1749.*

240 — La Madeleine aux pieds de Jésus à table chez Simon le Pharisien (R. D. 3); — et une autre pièce sans aucuns titres, noms de graveur et de peintre, représentant un sujet allégorique au règne de Louis XV. Pièce attribuée, par erreur, à *Subleyras*, M. Robert Dumesnil, dans son ouvrage du Peintre-Graveur français, ne fait point mention de cette pièce dans l'œuvre de ce maître, qui n'est composée que de quatre pièces. (2ᵉ vol. pag. 257 à 259 du peintre graveur français).

SURRUGUE (Louis), *né à Paris, en 1695, mort en 1769.*

241 — Divers sujets d'après *N. Poussin, Van der Meulen, Teniers, Rembrandt*, et autres. Onze pièces.

SUYDERHOEF (Jonas), *né à Leyde, en 1613.*

Diverses pièces d'après *Terburg, Ostade, Berghem, Rubens*, et autres, savoir :

242 — 1ᵒ *Sujets divers, estampes en feuilles* : La paix de Munster, d'après *Terburg*, très belle et brillante épreuve, en parfait état de conservation; — les quatre Bourg-mestres, d'après Keyser, magnifique épreuve très bien conservée; — la Querelle des Paysans, pièce dite le Coup de Couteau, d'après Ostade, très belle épreuve, vigoureuse de ton et en bon état;— la Chasse aux Lions et aux Tigres, d'après Rubens, belle épreuve d'une *pièce rare;* — la Chute des Réprouvés ou des Anges rebelles, grande pièce en hauteur et en deux feuilles, d'après Rubens; — le Retour des Champs, d'après *Berghem*, et autres sujets.

Cet article, composé de onze pièces, formera six lots.

243 — Cinq portraits : Samuel Ampzingius, pasteur évangélique ; — Rodolphe Heggerus, pasteur ; — Guillaume, prince de Nassau ; — Renaud, prince de Nassau ; — et Descartes. Cette dernière sans marges.
Cet article sera divisé.

244 — La Danse au Cabaret, sujet nommé le Bal. Composition de treize figures. Pièce encadrée.

SWANENBURG (Guillaume), *né à Leyde, en 1681.*

245 — Le Jugement dernier ; — la dernière pièce d'une suite de quatorze, appelée le Trône de la Justice, d'après *Vytenwael (1606)* ; — les Fameux Pécheurs, ou les Pénitents de la Bible, suite de six pièces (1609) : Judas Iscariote, S. Petrus, Saulus rex, Zachœus, S. Paulus, et Salomon, ces six pièces d'après *J. Bloemert;* — l'Enfant-Jésus sur les bras d'un Patriarche, également d'après *Bloemaert.* Pièce gravée par *Crispin de Pass.* En tout, huit pièces.
Cet article formera deux lots.

SUANEVELT ou **SUANEWELT** (Herman Van), dit **HERMAN D'ITALIE**, *né en Hollande en 1620, mort à Rome en 1690.*

246 — Dix-huit pièces de l'œuvre de ce peintre graveur, savoir : La suite des six paysages et intérieurs de forêts où sont représentés des sujets de l'histoire d'Adonis (B. nº 101 à 106) ; — La Magdeleine devant une grotte (107) ; — Saint Antoine repoussant le Démon (108) ; — Saint Jérôme (109) ; — Une Fuite en Egypte (99) ; — et autres.

TARAVAL (L.-G.).

247 — Le Bal vénitien, pièce à l'eau-forte d'après le tableau du Tintoret. *Très rare.*

TASSAERT (J.-J.-F.).

248 — Le 31 mai 1793 (ou les Girondins). Pièce gravée en l'an V de la République, d'après un dessin de *F.-J. Marriet,* par J.-J.-F. Tassaert.

TEMPESTE (Antoine), *né à Florence en 1555, mort à Rome en 1630.*

249 — Divers sujets de l'Histoire sacrée et profane, d'après ses compositions, dont : Jésus-Christ crucifié entre les deux Larrons ; — La Conversion de saint Paul ; — et autres sujets de chasses et combats. Quarante trois pièces.

TESTA *(Piétro), né à Lucques en 1611, mort à Rome en 1650.*

250 — Divers sujets de l'Histoire profane et de la Mythologie, gravés à l'eau-forte d'après ses compositions : Apollon récompensant les Sciences et les Arts ; — Socrate à table avec ses disciples ; — Le Corps d'Hector traîné par Achille ; — La Mort de Didon ; — Le Sacrifice d'Iphigénie ; — Vénus, Tétis, etc., etc. En tout douze pièces.

TESTA (César), *né à Rome en 1640, neveu de Pierre Teste.*

251 — La Communion de saint Jérôme, d'après le tableau du *Dominiquain*, deux épreuves ; — et la Vierge et l'Enfant-Jésus foulant aux pieds le dragon, d'après *Pierre Testa.*

THÉODORE, *peintre et graveur italien, disciple de Francisque Millé.*

251 *bis* — Deux paysages avec les sujets de la fable : Mercure et Battus ; — et Battus métamorphosé en pierre. Ces deux pièces d'après *Francisque Millé.*

THEVENIN (Charles), *graveur français du siècle dernier.*

252 — La prise de la Bastille ; — et Journée de 28 février 1791. Deux pièces à l'eau-forte.

THULDEN (Théodore Van), *peintre et graveur des Pays-Bas.*

253 — Quatre pièces d'après Rubens : L'Arc de triomphe de Philippe III, roi d'Espagne ; — Deux pièces de l'En-

trée de Ferdinand à Anvers ; — et l'Amour terrassant
un satyre.

THIER (B.-H.), *peintre et graveur hollandais, né dans
le XVIII° siècle.*

254 — Trente-deux pièces de cet artiste amateur, composant la presque totalité de son œuvre : Sujets et paysages, d'après *Berghem*, *F. Boucher* et *Bouchardon*.

THOMASSIN (Philippe et Henri-Simon), *nés à Paris,
le premier en 1536, et le second en 1688.*

255 — L'Ecole d'Athènes en deux feuilles ; — Saint Jean baptisant les Gentils; — et le portrait de De Lande. Trois pièces par *Philippe*; — Les Disciples d'Emaüs, d'après *P. Véronèse*; — La Mélancolie, d'après *Dominique Feti* ; — Le portrait de Louis, dauphin de France, d'après *Toqué*; — et celui de Charles Cignani. Ces quatre dernières pièces d'après *Henri Simon*. En tout sept pièces.

TIÉPOLO (Jean-Dominique), *né à Venise en 1726.*

256 — Six pièces gravées à l'eau-forte, d'après ses compositions : Le Martyre de saint Étienne ; — et la Vision de saint François. Ces deux pièces en hauteur et cintrées ; — Plus quatre autres sujets de l'Ancien-Testament.

UDEN ou VDEN (Lucas VAN), *né à Anvers en 1595.*
257 — Un sujet de Fuite en Égypte. Morceau gravé à l'eau-forte par ce peintre graveur.

UYTENBROUCK (Moyse Van), *surnommé le* PETIT
MOYSE, *mort vers le milieu du XVII° siècle, élève et imitateur de C. Polembourg.*

258 — Huit pièces de son œuvre, savoir : Abraham renvoyant Agar (n° 2 de l'œuvre); — Abraham conduisant Isaac pour l'immoler (9); — suite des quatre pièces de l'Histoire de Tobie (13 à 16); — et deux paysages avec figures et animaux (52).

VELDE *(Adrien VAN DE), né en Hollande, vers 1639,
mort en 1672.*

259 — Cinq pièces. Copies en contre-partie des n° 1-4-5
et 6 de son œuvre, dont une est double, n° 4 ; — plus
inq pièces d'après lui. En tout onze pièces.

VICO *(Énée), né à Parme vers 1515, dessinateur et
veur, l'un des élèves de Marc-Antoine Raimondi.*

26t Lucrèce et Tarquin, d'après Raphaël ; — Le Combat
des Centaures et des Lapites, d'après Rossi ; — et un
sujet du poème de l'Énéide. Trois pièces.

VIGNON *(Claude ou Jean-Claude), né à Tours en 1590
ou 1593, mort à Paris en 1670.*

261 — Les Miracles de N.-S. Jésus-Christ. Suite de treize
estampes chiffrées de 1 à 13, dans la marge à droite :
Vignon, invenit et fecit (n° 3 à 15 de l'œuvre de ce graveur. VII° vol. du peintre graveur français, pag. 151.),
par M. Robert Dumesnil.

VISSCHER ou DE VISSCHER *(Corneille), né à Harlem en 1610, mort en 1670.*

Diverses pièces d'après ses compositions et d'après
différents maîtres, savoir.

262 — 1° *Morceaux gravés sur ses propres dessins* : La Fri-
casseuse ou la faiseuse de koucks (14); Le Marchand de
mort aux rats (16) ; — La Bohémienne (17) ; — Le Chat
accroupi (51).

263 — 2° *Morceaux d'après différents maîtres* : Saint François ; — Suzanne au bain ; — Les Violonneurs (15) ; —
La même pièce encadrée ; — Les Patineurs (23) ; — Le
portrait de Jean Mérius, pasteur évangélique ; — Celui
de Gellius Bouma. Belle épreuve avant le millésime 1656,
au dessous des vers (4) ; — Le Coche volé (18) ; — Le
Four à chaux ; — Le Coup de pistolet ; — et quantité
de paysages et sujets d'après *Berghem, Pierre de Laar,*
et autres maîtres.

Ces deux articles, composés en totalité de trente et
une pièce, seront subdivisés en plusieurs lots.

47

VISSCHER *(Jean), né à Amsterdam en 1636*.

264 — Divers morceaux d'après : *Ostade, Berghem et Wou-vermans*, savoir : — Le Tatonneur ; — Le Bal , épreuve avant l'adresse de Justus Danckers ; — Le Nègre ; — et divers autres sujets d'estaminet, et suite de paysages, dont les Quatre Heures du jour, belles épreuves. Trente-neuf pièces ; — Plus, un Morceau, par *Lambert Viss-cher;* — L'Adolescence de Pallas , sujet de Plafond d'après *Pietre de Cortonne*.

Cet article, composé de quarante pièces, sera divisé.

VIVARES *(François), né à Lodève, près Montpellier, en 1709, mort à Londres en 1782.*

265 — Deux paysages faisant pendant d'après *Georges Lam-bert* et *Wooton*.

VOLPATO *(Giovanni ou Jean), né à Bassano, vers 1738, mort à Rome, vers 1800, élève de Bartolozzi.*

266 — La Dispute de Saint-Sacrement, estampe avec la dé-dicace : *Pio sexto Pont. Max.* ; — Les Quatre Sibylles ; — et le Repas de Jésus chez le Pharisien. Les deux premiers morceaux d'après *Raphaël*, et le troisième d'après *Paul Véronèse.*

VORSTERMAN (Lucas,) dit LE VIEUX), *né a Anvers en 1578.*

267 — Divers sujets de l'Histoire sacrée et profane, d'après *Rubens, Van Dyck, Jordaens* et autres maîtres, savoir : Loth et ses filles ; — Job tourmenté par les diables ; — Suzanne et les vieillards ; — La Nativité (B. 6.) ; — La Pêche miraculeuse ; — Le Denier de César ; — Deux sujets de Sainte-Famille ; — La Descente de croix, d'après le tableau de *Rubens* ; — Le Martyre de saint Laurent ; — Le Christ mort, pleuré par la Vierge et les anges ; — L'Apparition des anges aux saintes femmes ; L'Adoration des bergers ; — L'Adoration des mages ; — Une Fuite en Egypte ; — et autres sujets.

Cet article, composé de vingt pièces, formera plu-sieurs lots.

48

268 — Sept portraits, d'après *Van Dyck*, faisant partie de la collection connue sous le titre d'*Iconographie de Van Dyck*, savoir : Jacques Callot ; — Hubert Van den Eynden ; — Théodore Galle ; — Lucas Van Uden ; — Corneille de Vos ; — Wolfrang Guillaume, comte Palatin ; — et Simon Vouet.

Cet article pourra être divisé ou réuni au suivant.

269 — Deux portraits, savoir : Démocrite, d'après *Rubens ;* — et David Teniers, d'après *Pierre Thys.*

VOSTERMAN (Lucas, dit **LE JEUNE**), *né à Anvers vers 1600, élève de son père.*

270 — Seize pièces d'après divers maîtres, savoir : Le Satyre qui souffle le froid et le chaud, d'après *Jordaens ;* Le Massacre des Innocents ; — Une Sainte-Famille. Ces deux pièces d'après *Rubens ;* — Le Martyre de saint Sébastien, d'après *Van Dyck ;* — Magdeleine pénitente ; — Suzanne et les vieillards, d'après *Corneille Schut ;* Hérodias tenant la tête de saint Jean-Baptiste, d'après *le Titien ;* — Deux portraits d'après le *Tintoret ;* — Frontispices et autres sujets.

Cet article pourra être divisé.

VOUET (Simon), *né à Paris en 1582, et mort premier peintre du roi, le 5 juin 1641.*

271 — Le Repos de la Sainte-Famille en Egypte, la seule pièce gravée à l'eau-forte par ce célèbre maître (Voir le Ve vol. du peintre-graveur français par M. Robert Dumesnil, page 71) ; — plus trois autres pièces, d'après *Simon Vouet,* savoir ; — une Sainte-Famille, estampe imprimée en rouge ; — le Corps de Jésus-Christ descendu de la croix, etc. En tout quatre pièces.

WATELET (Claude-Henry), *graveur amateur, né à Paris en 1718, mort en 1788.*

272 — Divers sujets gravés à l'eau-forte, d'après F. *Boucher, Pierre, Rembrandt,* etc. ; — Trente pièces ; — plus vingt-quatre pièces par *le chevalier de V***,* autre amateur. En tout cinquante-quatre pièces.

WATERLO ou WATERLOO (Antoine), *né en Hollande en 1618, mort à La Haye.*

273 — Quatre-vingt-cinq pièces de son œuvre, pour la plu-
part épreuves anciennes : Paysages ; — Vues diverses ;
— Intérieurs de forêt ; — Sujets de la Fable et autres.
Dans ce nombre onze pièces sont doubles.
Cet article formera plusieurs lots.

WEIROTTER (François-Edmond), *né à Inspruck en
1730, mort à Vienne, en Autriche, en 1771.*

274 — Suite des Douze mois de l'année, plus une pièce
double ; — suite de douze vues d'antiquités romaines ;
— et autres sujets. En tout neuf pièces.

WILLE (Jean-Georges), *dessinateur et graveur au
burin, né à Kœnisberg en 1715, mort à Paris, le 4
avril 1807.*

Diverses pièces gravées au burin d'après différents
maîtres, parmi lesquelles se trouvent de belles et anciennes épreuves, savoir :

275 — 1° *Sujets de demi-figures et de figures entières* : Bonne
femme de Normandie ; sœur de la bonne femme de Normandie ; — Philosophe du temps passé ; — la Liseuse ; —
la Devideuse (mère de Gérard de Dow.) ; — Repos de la
Vierge ; — Instruction paternelle ; — Mort de Cléopâtre ;
— Cléopâtre qui montre à Auguste le buste de Jules César ;
— la Mort de Marc-Antoine.

276 — 2° *Portraits de personnages de tous états :* Margue-
rite-Elisabeth de Largillière ; — Carolus Walliœ princeps ;
— Elisabeth de Gouy ; — Maurice de Saxe ; — J.-B.
Massé ; — François Quesnay ; — le marquis de Marigny ;
— Jean de Boullongne ; — et Louis Phelipeaux, comte
de Saint-Florentin.

277 — 3° Cinq pièces d'études de soldats ou de lansquenets
de la suite des douze pièces gravées par *Wille*, d'après

Parocel. n° 2, 3, 4, 10 et 12 de cette suite. (Voir le Catalogue de la vente Jean. 3° partie, n° 565, page 33).

Ces trois articles ci-dessus, composé de vingt-quatre estampes en feuilles, seront subdivisés en plusieurs lots.

278 — Les Musiciens ambulans. (Copie par Th. Cook, ép. sans lettres.); — et les Offres réciproques. Ces deux pièces d'après *Dietrich.* Elles sont encadrées.

279 — Le Concert de famille, d'après *Schalken.* Épreuve encadrée.

280 — La Tante de Gérard Dow, d'après *Gérard Dow.* Ép. avant la lettre, mais avec la couronne au dessus de l'écusson (n° 60 de l'œuvre), 3ᵉ état. Voir le graveur en taille-douce, par M. Ch. Leblanc, page 46, 1 v. in-8. Leipsig, 1847. (Rudolphe Weigel, éditeur.)

WITDOUCK ou WITDOECK (Hans.), *né à Anvers en 1604.*

281 — L'Élévation en croix, grande pièces en trois feuilles, d'après *Rubens;* — une Descente de croix; — une Assomption; — deux sujets de Sainte-Famille; — et le Repas chez le Pharisien.

Cet article, composé de six pièces, sera divisé.

WOOLLET (William), *graveur au burin, né à Maidstone en 1735, mort à Londres en 1785.*

282 — Ceix and Alcyone; — The fishery (la Pêche); — Niobé. Estampe remmagée; — deux paysages d'après John *Smith,* dont celui dit le Dessinateur; — la Chasse au sanglier, d'après *Pillement.* Deux épreuves. En tout sept pièces.

Cet article sera divisé.

283 — Macbeth, d'après *Zuccharelli.* Épreuve avant la lettre, et les noms d'auteurs, le titre tracé à la pointe. Estampe encadrée.

WYNGAERDE (François Van Den), *graveur et marchand d'estampes, né à Anvers en 1612.*

284 — Quatre pièces à l'eau-forte, savoir : Une Descente de

croix d'après *Van Dyck*; — Vénus mettant un bandeau sur les yeux de l'Amour; — une Bacchanale; — et une Orgie. Ces dernières pièces d'après *Rubens*.

ZANETTI (Antoine-Marie), *né à Venise en 1680.*

285 — Trois estampes à l'eau-forte. représentant l'Éducation d'Achille par les Centaures.

NOTA. *Voir le supplément à la fin ce calogue pour les articles de ce chapitre omis à leur rang alphabétique.*

ESTAMPES GRAVÉES

EN TOUS GENRES,

Par et d'après différents Maîtres de toutes les Écoles.

286 — Onze pièces de fac-similé de dessins de grands maîtres de différentes écoles, gravées par *Acacciati*, Louis *Bonnet, Mulinari*, et autres.

287 — Vingt-et-un portraits de personnages de tous états. gravés par *P. Aquila, Ardel, Aubert, Baillie, Barcelon, Basan, Bisson, Benoist, Blanchon, Blot, Bonnart, Bumphry, Carmona, Carmontelle*, et *Chenu*, plus le portrait de *Baccio Bandinelli.*
Cet article sera divisé.

288 — Par : *Auvray*, un portrait d'après Juncker; — *Bonnard*, un paysage à l'eau-forte; — *Bruandet* (d'après), tombeau d'Héloïse et d'Abeilard; — *Coclemans*, une

académie peinte par Chivoli ;— *Debucourt*, vue de Paris ;
— *Gérard* (Henri) , le Bouquet inattendu , d'après
Mlle Gérard ; — *Lacour fils*, quatre pièces, deux sujets
au trait : une Sainte-Famille, et le portrait de L. F.
Aubert ; — *C****, le Tendre Désir, d'après *Greuze*; es-
tampe éditée par Massard père. En tout, onze pièces.

289 — Par : *Astruc de Vissec*, cinq pièces ; — *Aveline*,
cinq pièces ; — *W. Baillie*, deux pièces de fac-similé
de dessins de Rembrandt ; — *A. F. Bauduins*, une
chasse d'après Van der Meulen ; — Elie *Boeck*, trois
pièces d'après Berghem ; — *Beaumont*, trois pièces ; —
et *Benazech*, la Nappe d'eau, d'après Diétrick. En tout,
vingt-et-une pièces.
Cet article sera divisé.

290 — Divers sujets , eaux-fortes , trophées militaires ,
études, par : *Aubert, Baquoy, Bardon, Barry, Basan,
Boël*, et *Bouttats*. En tout, vingt pièces.
Cet article pourra être divisé.

291 — Divers sujets historiques, de genre, batailles et
autres, par *Baugean, Barincou, Beauvarlet, Beisson,
A. Benoist*, et Ch. Fréd. *Boëce*. Quatorze pièces.

292 — Quinze pièces de sujets divers, ornements et autres,
par *Bernini* (le chevalier Bernin), *Binet*,|Ferdinand *Bol*,
et B. *Bossi*, d'après Bernin, Le Titien C. Vanloo, Rembrandt, et Bossi.
Cet article pourra être divisé.

293 — Différents paysages et vues, d'après divers artistes
et peintres anciens et modernes, par : *Berthault*, trois
pièces : vues de Paris, et la Motion de Camille Desmou-
lins au Palais-Royal ; — *Boissard*, une eau-forte ; —
Borcht (Pietre Van der), un paysage, Abraham renvoyant
Agar ; — J. A. S. *Boucher*, une marine, épreuve avant
la lettre ; — *Brunescau* (graveur-amateur), une pièce ;
— *Buytewech*, deux pièces ; — *Chavanne* (graveur-
amateur), deux pièces ; — *Chedel*, deux pièces ; — *Coelmans* (Jacques), deux paysages ; — *Conti* (graveur-

amateur), quatre pièces ; — *Couché*, trois pièces ; — et
Coulet, une pièce. En tout, vingt-quatre pièces.
Cet article formera plusieurs lots.

294 — Sujets divers, costumes, portraits, cinq pièces, par
Abraham *Bosse*.

295 — Quarante pièces par et d'après *Both*, *Texier*, *Thelot*,
Varin, *de Velly*, *de Vinci* (Léonard), *Voysard*, *Wandre-
naer*, *Weisbrod*, *Wielh*, et *Zeutner*.

296 — Divers sujets de l'Histoire Sacrée et Profane, par
Bottner, Louis *Boullongne*, J. B. *Brebès*, *Breckerveld*,
Bremden, J. *Briot*, *Brun* (Gabriel Le), F. *Burani*, et
Businck. Onze pièces.
Cet article sera divisé.

297 — Par : *Breteuil* (le comte de), graveur-amateur, trois
paysages ; — *Ferté* (de la), trois paysages à l'eau-forte.
d'après F. Boucher ; — *Gessner* (Salomon), un paysage
à l'eau-forte, *inv. et f.*; — *Grignon* (Claude), paysage à
l'eau-forte, d'après Salvator Rosa. En tout huit pièces.
Cet article pourra être divisé.

298 — Trente-quatre pièces gravées, par J. *Calwal*, J.
Camerata, L. *Cars*, T. *Chambars*, P. *Chenu*, J. *Chereau*,
Chevillet, *Cholet*, *Coqueret*, Elis. *Cousinet*, et Elisabeth
Charon.

298 — Divers sujets sacrés et profanes par *Campion de
Tersan*, *Charpentier*, *Chataignier*, *Claussin*, *Corbut* et
Court. En tout, trente cinq pièces.

300 — Différents sujets de l'Histoire Sacrée et Profane, de
genre et autres, par *Capellan*, *Clowet*, *Colbensius* et
Cock. Cinq pièces.
Cet article formera deux lots, dont un de deux pièces
d'après *Breughel*, avec le monograme AME et la lettre P
au-dessus.

302 — Trente-deux pièces diverses, gravées par : François
Chereau, *Chodowiechi*, *Claëssens*, *Clouet*, *Coelmans*,

Coupé, Courbe, Cunego, Danzel, Daullé, Deburourt, Deleu et Delff.

Cet article sera divisé.

303 — Quarante-cinq pièces, par Michel *Corneille*, B. *Coriolan, Coypel,* et J. *Couché.*

Cet article formera deux lots.

304 — Douze pièces par *Dalen* (C. Van), et C. *Danckerts,* dont : le portrait de Schurman, les Trois Grâces, sujets familiers et autres, d'après Rubens, Diepenbeck, Van der Doës, etc., etc.

305 — Différents paysages et vues gravés d'après les tableaux des peintres célèbres anciens et modernes, par : *Danker,* neuf pièces; — *Daudet* et *Delvaux,* quatre pièces; — *Daullé,* deux pièces; — F. *Demaison,* trois pièces; — *Denis* (Ulysse), trois pièces; — *Dequevauvillier,* une pièce; — *Desaulx,* une pièce; — *Dufour,* une pièce;— et *Dunker* (Balthazar-Antoine), neuf pièces, dont sept d'après divers peintres, et deux eaux-fortes d'après ses compositions. En tout, trente-trois pièces.

Cet article sera divisé.

306 — Quarante-quatre pièces, divers sujets et vignettes, par *David, Daudet,* N. *Delaunay,* R. *Delaunay, Delegorgue, De Lignon, Desplaces, Dossier, Duponchel, Dupréel* et *Duval.* Dans cet article se trouve compris les vingt-cinq vignettes pour le poëme de l'Iliade d'Homère.

Cet article sera divisé.

307 — Divers sujets d'après Raphaël, Vouet et Le Dominiquin; titres de livres, écussons, etc., par Jérôme *David,* neuf pièces; — Thomas *Deleu,* trois pièces;— *Dolivar,* une pièce; — *Dubrayer,* une pièce; — Claude *Duchetti,* une pièce. En totalité, quinze pièces.

308 — Dix portraits, savoir : par *David* : Louis XVIII; — par *Moille* : Crébillon, d'après De la Tour, et Stanislas Leeszinski, d'après Lunebourg; — par *Romanet* : l'ami de Rembrandt, d'après ce peintre; — par *Saint-Aubin* : Diderot, d'après J.-B. Greuze, et Pierre le-Grand, d'a-

près Saint-Aubin ; — par Jacques *Schmutzer* : Dietricy, peintre, d'après lui-même ;— par Louis *Surugue* : Louis de Boulongne le père, peintre, d'après Mathieu ; — par P. A. *Tardieu* : Colbert, d'après Champaigne, et comte Du Bourg, d'après Lyon.

309 — Vingt-sept pièces, gravées par *Dazincourt, Desmarteau, Denon, Descourtis, Deveria* et *Devoge.*

310 — Trente-huit portraits, par E. *Desrochers,* Thérèse *Devaux, Devéria,* Pierre *Drevet, Dupin, Dupuis* et *Duval.*
    Cet article sera divisé.

311 — Vingt-neuf portraits, par *Eberts, Edelinck* (Nicolas), *Faber, Fauchery,* Louis *Ferdinand,* Etienne *Fessard,* Etienne *Ficquet.* J. Ch. *François, Frosne* et *Gaillard.*
    Cet article sera divisé.

312 — Dix-huit paysages divers, par *Elliot, Garreau, de Ghendt, F. Godefroy, Goyrans, Grouevegen, Guélard, Guyot* et *Legouaz.*

313 — Seize pièces par différents graveurs, savoir : *Facini* (Pierre), une Sainte-Famille, pièce à l'eau-forte ; — *Fialelli* (Odoard), sujets de la Fable, quatre pièces provenant de la collection Mariette ; — *Frezza* (Jean-Jérôme), dix pièces provenant de la suite des tableaux de la galerie de Verospi, par l'Albane ; — *Franco* (Jacques), un sujet de la Tentation de saint Antoine.

    Cet article sera divisé.

314 — Diverses estampes, par : *Faulte* (Michel), une Descente du Saint-Esprit ; — *Firens,* les Œuvres de Miséricorde, d'après Martin de Vos, un frontispice, et autres, dix pièces ; — et *Fornazeris* (P. de), frontispice de la Table chronologique des Statuts ecclésiastiques. En tout, douze pièces.

315 — Diverses estampes, par : *Fiessenger,* un bas-relief au lavis ; — *Floding,* un combat, fac-similé de dessin ; — *Florianus de Bonis,* une Descente de croix ; — *Floris* (François), quatre pièces ; — J. F. *Foulquier,* le titre d'une suite ; — *Franck* (François), une feuille seulement

de l'estampe de la Sentence à mort de J.-C., pièce en
deux feuilles ;— *Franquinet*, une lithographie, fac-simile
d'un dessin d'Albert Durer ; — *Frisius*, quatre pièces
(dont deux par Etienne Delaulne) ; — *Fulck* (Sébastien),
une Magdeleine pleurant ses péchés, pièce à l'eau-forte
par *Simon* (François) au lieu de *Fulck*.

Cet article, composé en totalité de quinze pièces, sera
divisé.

316 — Dix pièces de sujets divers, par *Filsen, Folkema.
de la Fosse, Frey, Gouwen* (Van der), et *Mondet*.

317 — Diverses estampes par : *Galestruzzi* (J. B.), onze
bas-relief, dont Apollon et Diane tuant les enfants de
Niobé ; — *de Gheyn* (Jacques), trois pièces, dont le bou-
clier ; — *Guerchin* (d'après Le), deux fac-similé de
dessins ;— *Gurrerius* (François), l'Enlèvement d'Europe.
En tout, dix-sept pièces.

318 — Trente portraits de différents personnages de tous
états, par *Gantrel, Gaucher, Grégori. Greuter, Grignon,
Guélard, Guibert, Gunst, Hess, Heumann, Hondius,
Houston* et *Hortemels.*

Cet article sera divisé.

319 — Dix-huit pièces, sujets divers, d'après Ch. Le Brun,
Greuze, Wille fils, et autres, par Ch. *Guttenberg*, Henri
*Guttenberg, Hall, Henriquez, Hubert, Hubner, Jar-
dinier, Jourd'heuil, Ingouf* et *Klauber.*

320 — Diverses estampes, par : *Haëften*, un Intérieur
de cabaret flamand, sujet dit le Grand Fumeur, eau-
forte :— *Harrewin*, une pièce ;— *Hecknaver* (Léonard),
un sujet allégorique ; — *Herr*, une pièce ; — *Hibon*,
une pièce au trait ; — *Heylbrouch*, les quatre Heures
du Jour, d'après Le Brun ; — *Hondius* (Henri), trois
pièces ; — *Honeruogt*, trois pièces : Saint Jérôme, un
Ecce Homo, et J.-C. portant sa croix ; — *Hornick*
(Erasme), une Adoration des Bergers ; — *Horthemels*
(Marie-Madg.), cinq pièces. En tout, vingt-et-une pièces.

Cet article sera divisé.

321 — Trente deux paysages par et d'après : *Hill, Hu-*

quier, *Jazel*, *Jegher*, trois gravures en bois, *Jordaens* (d'après), *Julien*, *Kœyl*, *Kleugel*, *Kobell* et *Kock*.

Cet article sera divisé.

322 — Dix-neuf portraits de personnages divers, par *Hoy*, *Hubert*, *Humblot*, *Ingouf*, *Jungwierth*, *Van der Laan*, *Landry*, *de Larmessin*, *Lauw*, Claude *Lefébure*, *Legrand*, *Lemire*, *Lempereur*, *Lépicié* et *Kenkel*.

323 — Diverses estampes gravées à l'eau-forte, par *Hulin* (François), Ulysse arrêté par des Syrènes, pièce à l'eau-forte d'après sa composition ; — par *Hyre* (Laurent de La), trois pièces à l'eau-forte : la Mère de Douleur, et deux sujets de la Fable. En tout, quatre pièces.

324 — Diverses estampes gravé s à l'eau-forte, par et d'après : *Jordano* (Luc), une Descente de croix, contre épreuve ; — *Jules Romain (Pipi*, dit), une partie du Triomphe de Bacchus, estampe en deux feuilles : celle de droite ;— *La Bouchère*, J.-C. mis au tombeau, d'après Rembrandt ; — *Laeour père*, trois pièces, dont l'Arrivée du comte d'Estaing à Brest ; — *Lagrenée*, l'Annonciation et une autre pièce d'après Rembrandt ; — *De Lalive*, onze pièces, la plupart d'après F. Boucher et Natoire, et deux portraits ; — *Larue*, douze pièces sur neuf feuilles de sujets d'enfants, d'après F. Boucher ; — *Lasinio*, une pièce au trait ;— *Laurentianus*, le Taureau de Phalaris ; — *Le Canu*, un frontispice. En tout, trente-trois pièces.

Cet article sera divisé.

325 — Onze pièces gravées à l'eau-forte et au burin, par : *Kauffman* (Marie-Angélica), cinq pièces ; — *Kessel* (Van), une Vierge ; — *Kilian* (Lucas), quatre pièces : trois sujets du Nouveau-Testament, et le portrait de Gustave-Adolphe sur un quadrige ; — *Knaplon* (Georges), un fac-similé d'un dessin de A. Carrache.

326 — Divers sujets, savoir : le Gravier, d'après D. Teniers, par *Jorma* ; — le Juge ou la Cruche cassée, d'après Debucourt, par J.-J. *Leveau* ;— la Nourrice et deux autres pièces, d'après Adrien *Van Ostade*. En tout, cinq pièces.

327 — Statues antiques de Rome, monuments, etc., etc.,
sujets de l'Ancien et du Nouveau-Testament, par *Lafreri*
(Antoine), vingt-cinq pièces; — *Londerseel* (Assuérus
Van), quatorze pièces, gravures en bois, vignettes pour
une Bible en hébreu; — et *Lonsing*. la Chasse au Sanglier de Calydon, d'après Jules Romain, et un saint Jérôme, d'après Guido Reni. En tout, quarante pièces.
Cet article pourra être divisé.

328 — Quarante paysages, par et d'après divers peintres et
graveurs: *Lallemand*, P. *Laurent*, L. J. B. *Lempereur*,
Jean-Denis *Lempereur*. *Le Prince, Le Sueur, Le Veau,
Lienard, Loutherbourg* (d'après), huit vignettes pour le
poème de l'Agriculture, — *L. R.*, neuf eaux-fortes, et
F. *Maillet*.
Cet article sera divisé.

329 — Vingt-trois estampes, sujets divers, par *Langlois,
Larché, Le Beau*, Mme *Lefort, Lemire, Lempereur, Le
Vilain, Liolard, Lips, Loisel* et *Lucas*.
Cet article sera divisé.

330 — Sainte Cécile, d'après Van Dyck, une pièce au burin
par *Le Davis* (Edouard); — Saint Pierre reçoit de J. C.
les clefs du paradis, et deux sujets Intérieurs de cabaret,
trois pièces à l'eau-forte, par F. *Eisen*; — divers sujets,
frises et frontispice, six pièces par *Erlinger*.
Cet article, composé de dix pièces, pourra être divisé.

331 — Vingt-et-une pièces, par et d'après: *Legray*, un
frontispice; — *Laurus*, Paul et Jean guérissant un boî-
teux; — *Le Lorrain*, une pièce; — *Leser*, un frontispice;
— *Lesueur* (Emile), une pièce; — *Lesueur* (Nicolas),
trois fac-similé de dessins; — *Lippius*, un frontispice;
Lisebetius, sept pièces, sujets de Vierges et de la Fable,
d'après divers maîtres; — *Loëmans*, l'Extase de saint
Augustin, d'après Van Dyck; — *Lucien*, la Vendange;
— *Lucini*, une Fête sur l'Arno; — *Luyken*, un écusson;
— et *Lela*, le Massacre des Innocents, d'après Raphaël.
Cet article sera divisé.

332 — Quarante-six pièces de différents sujets de l'Histoire
Sacrée et Profane, vignettes de livres d'heures et fron-
tispices d'ouvrages, par *Lommelin* (Adrien), *Louys*
(Jean), et *Mallery.*

333 — Douze portraits par *Macret, Malbeste, Marais, Mar-
lié, Mathey, Le Roux et Lubin.* Et celui du duc de *Mal-
borough.*

334 — Divers sujets de l'Histoire Sacrée et Profane ; frontispices et titres et ouvrages, par *Macret, Major, Marais, Maillet, Marchand, Masarb, Mathieu, Méchel,
Michel, Moitte, Morel et Mulder.* Trente-trois pièces.
Ce lot sera divisé.

335 — Quatre estampes gravées à l'eau-forte, savoir : par
Mathioli (Louis). Une Sainte-Famille, d'après Van Dyck ;
— et par *Mitelli* (Marie-Joseph). Trois pièces d'après
Carrache et Paul Véronèse.

336 — Diverses estampes à l'eau-forte, par des graveurs
français, savoir : *Marolles* (l'abbé de), une pièce ; —
Massé, une pièce ; — *Mignard* (Nicolas), trois pièces ;
Moreau le jeune, six pièces ; — *Malbeste,* une pièce. En
tout douze pièces.

337 — Huit pièces de sujets divers, par D. *Marot. Martinez*
(Jean), *Mosin, Muller* (Herman) et *Muller* (Jean), dont
le Siége de Mastreck.

338 — Vingt portraits par *Meerllen, Melini, Meyssens, Mi-
ger, Petit, Pinsio, Piranesi et Pitau.*
Cet article psurra être divisé.

339 — Trente-deux paysages, la plupart d'après Paul Brill,
par *Merian* (Mathieu), quatorze pièces ; — *Nieulant*
(Mathieu), dix-huit pièces.

340 — Vingt-six paysages d'après et par divers maîtres et
graveurs : Jean *Miel,* une pièce ; — *Moncornet* (Bal-
thazar), une pièce ; — N. *Moillon,* une pièce ; — de *Mon-
geroux,* une pièce ; — de *Montmirel* (marquis), huit
pièces ; — P. *Moreau,* sept pièces ; — et *Moyreau* (Jean),
sept pièces.
Cet article sera divisé.

341 — Les portraits de Simon Vouet, par François *Perrier* ;
— de François de Moura, par Hubert *Quellinus* ; — et
celui de Molnaert, eau-forte par ce *maître*. Trois pièces.
Cet article sera divisé.

342 — Divers sujets d'après différents maîtres, par *Natoire*,
Nether, *Norblin*, *Normand* et *Van Orley*. Trente-trois
pièces.
Ce lot prourra être divisé.

343 — Différents sujets et vignettes par *Née*, *Nicollet*, *Pa-
tas*, *Pellegrin de Colle*, *Picot*, *Pourvoyeur* et *Prevost*.
Trente trois pièces.
Cet article pourra être divisé.

344 — Différentes estampes gravées par : *Pallière* (Jean).
Trois pièces copiées de J.-J. de Boissieu, dont les Ton-
neliers; —*Palmerius*. Une pièce;—*Panneels* (Guillaume).
Le vieux Sylène, d'après Rubens; — *Parizeau* (Phi-
lippe). Trente-huit pièces, d'après Boucher et autres; —
Parmegiano (d'après). Une pièce; — *Paroy* (comte de).
Vingt-six petites pièces de l'œuvre de cet artiste ama-
teur; — *Pasqualini*. Quatre pièces à l'eau-forte, dont
Jésus au jardin des Oliviers;— Saint Thomas et autres;
— *Patour* (J.-Aug.). Une pièce ; — *Pédrignani*. Adam
et Eve, une pièce eau-forte; —*Oesterech* (Mathieu). Deux
pièces. En tout soixante-dix-huit pièces.
Cet article sera divisé.

345 — Sept pièces, sujets divers par *Panderen*, G. *Penez*,
Lucas *Penni* et Pierre *Perret*.

346 — Vingt paysages d'après divers maîtres : par *Passe*
(Magdelein Van de). Une pièce ; — *Perelle*. Seize pièces,
dont l'Adoration des rois, les Disciples d'Emmaüs etc ;
— *Perignon* (Nicolas). Une pièce; — *Pillement*. Une
pièce; — et *Schroder*. Une Marine d'après Vernet. Epr.
avant la lettre.
Cet article sera divisé.

347 — Diverses pièces par et d'après : *Perugino* (Louis).
Vénus et Adonis; — *Peyron*. Deux eaux-fortes; —
Pierre. Une pièce ; — *Podesta* (André). Sylène porté par

des Satyres; — *Popels.* Le Triomphe de Bacchus; — *Po-
visi.* Un fac-simile de dessin ; — les *Prestel.* Cinq fac-
simile d'anciens maîtres allemands; — *Procaccini* (André). La Naissance de Bacchus; — *Prwis.* Groupes
d'Amours. Deux eaux-fortes. En tout quinze pièces.
Cet article pourra être divisé.

348 — Vingt pièces de sujets divers d'après Ch. Le Brun
et autres, par Pierre *Picault, Piccino, Picquet,* J.-B.
Nicolas *Poilly,* et N.-B. *Poilly.*

349 — Sujets divers et portraits, par et d'après différents
maîtres et graveurs, savoir : *Ragot,* quatre portraits;
— *Regnesson* (Nicolas). Trois pièces ; — *Reverdino*
(Carlo). Jeu d'enfant en forme de frise ; — *Ricci.* Une
pièce; — *Rigaud.* Quatre pièces ; — *Rodermont.* Jacob
et Esaü, d'après Rembrandt ; — *Rolli.* Une pièce ; —
Rossi (Jacques). La Naissance de la Vierge, d'après Jules
Romain; — *Rota* (d'après Martin). Le Jugement dernier,
de Michel-Ange. Copie par Léonord Gauthier ; — *Rous-
selet.* Deux pièces ; — *Rubyes de Rossi.* Le Laocoon ; —
Ryckmans (N. et C. Les). Six pièces, dont une Adora-
tion des rois d'après Rubens, très belle épreuve; —
J. Ryder. Une pièce. En tout vingt-sept pièces.
Cet article sera divisé.

350 — Trente-deux portraits par *Ravenet, Rivalz, Royer,
Roy, Sarrabat, Savart, Schiveikart, Schultze, Van
Schuppen, Scotin,* Suzanne *Silvestre, Simoneau,* John
Smith, Sornique, Surrugue, P.-F. *Tardieu* et *Tassaert.*
Cet article sera divisé.

351 — Divers sujets historiques d'après différents peintres,
par *Ravenet, Riollet, Romanet, Ryland, Saint-Aubin,
Saint-Maurice, Simonet, Slinter,* Jean-Georges *Schmidt,
Schmutzer, Soubeyran* et *Storck* Dix-neuf pièces.
Cet article sera divisé.

352 — Quatorze pièces par les deux graveurs amateurs ci-
après, savoir : *Robert* (prince palatin). Une pièce, la
Charité; — *Ronceray* (madame du). Treize pièces
sujets divers.

353 — Treize pièces, sujets divers, par *Robert* (Hubert).

Les soirées de Rome, suite de dix paysages à l'eau-forte;
— *Reclam* (Frédéric). Paysage à l'eau-forte. Et la copie
imprimée en rouge; deux pièces; — *Schwan* (Willem).
Un paysage également à l'eau-forte.

354 — Deux paysages d'après H. Robert, savoir : Vue du
Pont des Sphinx, par P.-A. *Martini;* — et Vues des
principaux monuments de Rome par J.-B. *Lienard;* —
plus deux autres paysages d'après J.-Ph. *Hakert*, savoir : Veduta della citta di Cesena, par J. Lacroix; et
Veduta della chiesa di S. Pietro di Roma, etc., etc., par
Dunker et *Volpato*. En tout quatre pièces. Un seul lot.

355 — Deux eaux-fortes : Une Bataille, grande pièce en largeur, par *Rugendas* (George-Philippe); — et la mort de
Petus et d'Arie par *Rivalz* (Barthélemy).

356 — Divers pièces par et d'après : *Sandrart*. Trois pièces;
— *Scalberge* (Pierre). Une eau-forte. Adam et Eve; —
Schut (Corneille). Cinq sujets divers; — *Sisto*. Cinq
pièces; — *Smith* (John-Raphaël). L'aveugle, pièce en
manière noire; — *Somer* (Paul Van). Une Sainte-Famile,
eau-forte; — *Sompel* (Pierre Van). Une pièce d'après
Rubens; — *Spruyts* (Philippe). Quatre pièces à l'eau-
forte, d'après Rubens; la Vierge immaculée; saint Am-
broise et Théodose, martyre de saint Livinus; et Diane et
Actéon; — *Soyer*. Une pièce au trait; — N. *Strixner*.
Une Descente de croix. En tout vingt-trois pièces.
Cet article sera divisé.

357 — Diverses pièces par *Sauvé*. Trois sujets de plafonds;
— *Schenk* (Pierre). Le Passage de la mer Rouge ; — *Simoneau* (Charles). Deux pièces : Noces de Tétis et de
Pélée, et le plafond de la chapelle de Sceaux; — *Simoneau* (Louis). Suzanne au bain ; — et *Sornique*. Deux
pièces. En tout neuf estampes.
Cet article sera divisé.

358 — Vingt-cinq pièces par *Tardieu* (N.-H), *Tavernier*
(Melchior), *Tersan* (comte de), *Tételin, Thiboust, Tor-
tebat* (François). Dont cinq pièces d'après Simon Vouet;
— *Troschel* (Jean) et *Troyen*.
Cet article pourra être divisé.

359 — Trente-deux portraits par *Tardieu*, *Thomassin*, *Thillard*, *Trouvain*, *Vallet*, *Vasseur G. Valcker*, *Vandramini*, *Vermeulen*, *Vogel*, *Voyez*, *Seb. Walch*, *Waumans*, *Wedgwood*, *Winter*.

Cet article sera divisé.

360 — Douze pièces par *Thomas*, *Tinti*, *Trière*, *Vallée Vicinlinus*, *Viel* et *Wandelaar*.

361 — Diverses pièces gravées en tous genres, savoir : par *Uliet* (Van). Quatorze eaux-fortes d'après Rambrandt ; — *Valker*. Une pièce ; — *Vangelisty*. Une pièce ; — *Vien* (Joseph). Loth et ses filles, eaux-forte ; — *Willaeys*. Trois pièces ; — *Winstanley*. Une pièce ; — J. *De Wit*. Deux eaux-fortes. En tout vingt-quatre pièces.

Cet article sera divisé.

362 — Divers sujets, par F. *Valesio*, J.-L. *Valesio*, G^me *Valet*, Jean *Van de Velde*, Ad. *Van de Venne*, F. *Villamena* et Al. *Voet*. En tout seize pièces.

363 — Par WIERIX (Jean et Jérôme). Cinq pièces de l'Histoire sacrée par ces deux graveurs : le Triomphe de Silène, par *Waël* (Corneille de) ; — et trois pièces par J.-G. *Waldreich*. En tout neuf pièces.

364 — Quatre pièces allégoriques, d'après Paul Deker, représentant quatre nations, savoir : *Gallus*, gravée par J.-G. PINZ ; — *Hispanus*, par P.-A. KILIAN ; — *Hispanus*, par C.-F. LOTTES ; — et *Suécus*, par A. HOFFER.

Estampes sans noms de Graveur.

365 — Cinq pièces gravées à l'eau-forte, savoir : Jésus conduit au Calvaire ; — Marche triomphale d'un empereur romain ; — autre sujet de l'Histoire romaine ; — Plan du Conclave en février 1691 ; — et saint François en extase.

366 — Divers sujets et compositions de divers maîtres des Trois écoles. Vingt-trois pièces.

367 — Paysages, diverses vues, monuments, architectures,

mausolées, etc., d'après différents artistes. Cinquante pièces.

Cet article sera divisé.

368 — Trente sept estampes pour frontispices de livres et vignettes.

Cet article pourra être divisé.

369 — Soixante pièces, sujets de l'Histoire sacrée et profane, cérémonies, paysages, vignettes, sujets de genre, etc., etc., — gravées à l'eau-forte, en manière noire et au burin.

Cet article sera divisé.

370 — Des assassins pénétrant chez Coligny le jour de la Saint-Barthélemy. — Pièce encadrée.

INCONNUS (Graveurs).

371 — Trois petits sujets gravés en bois. un Calvaire ; — une Pentecôte ; — et un autre sujet.

372 — Trente pièces diverses par et d'après des *auteurs inconnus.*

373 — Quarante-trois portraits d'après des médailles et pierres gravées antiques ; — plus le portrait de Marguerite, comtesse du Tyrol, surnommée Maltache,

Cet article formera **2 lots.**

RECUEILS

**D'Estampes en volumes, et Ouvrages à Figures, Galeries,
Et Livres sur les Arts.**

374 — Les Monuments de Rome ancienne, ou Recueil des plus beaux morceaux de l'antiquité romaine qui existent encore, dessinés par Barbault. Rome 1771, 1 vol. in-f°, m. tr. dor., contenant cent vingt-huit planches par *Barbault.* Dans ce volume se trouvent ajoutées vingt-trois planches par *Piranesi.* Ce qui fait en totalité cent cinquante et une planches.

375 — Costume des anciens peuples, à l'usage des artistes, par *Dandré Bardon*. 2 vol. in-4, contenant trois cent cinquante-deux planches.

376 — Recueil de peintures antiques trouvées à Rome; imitées fidèlement, pour les couleurs et le trait, d'après les dessins coloriée par Pietro-Sante *Bartoli* et autres dessinateurs. Seconde édition. Paris, Didot, 1783, 2 vol. in-fol., rel. rouge.

377 — *Verteres arcus Augustorum Triumphis insignes*, etc., ou les Arcs de triomphes décrits par Bellori, contenant cinquante-deux planches gravées par P.-S. *Bartoli*, 1 vol. in-fol. d.-rel.

378 — *Columna Cochlis M. Aurelio Antonio Augusto dicata*, etc., etc. — *Romæ ex caleographiá Dominici de Rubeis*, etc., etc., 1704, vol in-fol. oblong, contenant quatre-vingt planches numérotées 1 à 77, les trois dernières sans n°. Sur la planche de la dédicace à droite on lit : *Franciscus Aquila incid.* Les autres planches par P.-S. *Bartoli*.

379 — Théâtre de la vie humaine *(Thatrum vitæ humanæ, etc., etc.)* Texte latin par Boissard, ouvrage orné de soixante-deux planches gravées par *Théodore de Bry* et *Jean-Theodore de Bry* son fils, 1 vol. in-4.

380 — Un reéueil oblong, contenant soixante-six estampes gravées par René *Boivin*, pour le livre intitulé histoire Jason, su la conquête de la Toison d'Or, d'après le primatice, un feuillet au deux pages de texte sont manus-

381 — Les Images de tous les saints et saintes de l'année, suivant le martyrologe romain, faictes par Jacques *Callot*. Et mises en lumières par Israel Henriet. 1 vol. in-4, rel. v. marb. contenant quatre cent quatre-vingt-treize estampes.

382 — Médailles du règne de Louis XV. Recueil contenant une suite de cinquante-quatre médailles numérotées 1 à 54, plus frontispice, texte dédicace, total cinquante sept planches gravées pas *Cars*, d'après F. Lemoine. 1 vol. in-4.

383 — *Antiquarum Statuarum urbis Romæ*. Liber primus. Recueil de statues antiques. Cinquante deux planches, plus un frontispice, gravées par J.-B. *Cavaleriis*. 1 vol. in-4, rel. panch.

384 — Les Loges du Vatican, ou la Bible de Raphaël *(Sacræ historiaæ acta...)*. Recueil de cinquante-quatre planches gravées par Nicolas *Chapron*, y compris le titre et la dédicace. 1 vol. in-4 oblong.

385 — La vie de saint Bruno, fondateur de l'ordre des Chartreux, peinte au cloître de la Chartreuse de Paris, par Eustache Le Sueur, gravée par François *Chauveau* *(Chavueau)*. 1 vol , 23 planches, y compris le frontispice.

386 — Recueil d'estampes d'après les tableaux des peintres les plus célèbres d'Italie, des Pays-Bas et de France, qui composaient le cabinet de M. Royer d'Aguilles, etc., gravées par Jacques *Coëlemans* d'Anvers, etc. 1 vol. in-fol. contenant cent dix-huit estampes.

387 — Galerie du Palais-Royal, par J. Couché, 1 vol. in-fol. Et cinq livraisons en feuilles, en tout deux cent cinquante-huite planches.

388 — Monuments du culte secrets des Dames romaines, Rome 1787. 1 vol. in-8, cart. Cinquante planches et un frontispice.

389 — Monuments de la vie privée des Douze Césars, d'après une suite de pierre gravées sous leur règne. Caprées, 1780, 1 vol. in-4, rel. v. Cinquante planches.

390 — The curiosities and Beauties of England Displayed. London, 1795, 1 vol. in-fol. avec fig.

391 — Les Beautés de la France, par Nicolas *Defer*. 1 vol. in-fol. oblong. Paris 1724. Soixante-trois planches.

392 — Description des principales pierres gravées du cabinet du duc d'Orléans, par MM. les abbés *De la Chau* et *Le Blond*. Paris, 1780, 2 vol. grand in-4, rel. v. marb., ornés de cent soixante-treize estampes de pierres gravées, et de cinquante-sept vignettes et culs-de-lampes.

393 — Recueil d'estampes gravées d'après des peintures antiques Italiennes, etc., par Auguste *Boucher-Desnoyers* ou exécutées sous sa direction, d'après les dessins qu'il a faits en Italie dans les années 1818 et 1819. Paris, de l'imprimerie de Firmin Didot. 1 vol. in-fol. contenant trente-quatre planches.

394 — Tableaux historiques des campagnes et révolutions d'Italie pendant les ans IV, V, VI et VII de l'ère républicaine, gravés par les premiers artistes de Paris, d'après les dessins de *Carle Vernet*. Sept livraisons en feuilles, contenant chacune deux gravures de batailles au burin dont toutes les eaux-fortes ont été faites par *Duplessi-Bertaux*.

395 — Recueil de cent sujets de divers genres, composés et gravés à l'eau-forte par J. *Duplessi-Bertaux*; précédé de notes historiques sur la gravure à l'eau-forte, et les principaux graveurs en ce genre, etc. 1 vol. in 4, oblong.

396 — Les hommes illustres qui ont paru en France pendant ce siècle, avec leurs portraits au naturel par M. Perrault de l'Académie française. Paris, 1646, 1 vol. in fol. rel. v. marb. orné de cinquante et un portraits, la plupart gravés par *Edelinck*. (manq. le 2° vol.)

397 — Le Cabinet de la Bibliothèque de Sainte-Geneviève divisé en deux parties, contenant les antiquités de la religion des Chrétiens, des Egyptiens et des Romains, etc., par le R. P. *Du Moullinet*. Paris, 1642, 1 vol. in-fol., relié v., orné de 45 planches par François *Ertinger*, et le portrait de l'auteur, par *Trouvain*.

398 — Recueil de diverses vues d'églises, jardins et fontaines de Rome. 1 vol, in-fol. oblong, contenant quatre-vingt-sept planches gravées par J.-B. *Fulda*. Rome, 1665.

399 — Diverses pièces de l'œuvre d'Albert *Flamen*, réunies en 1 vol. in-4 oblong, savoir : Six vues de châteaux et de paysages; — suite de cinquante-sept planches de poissons; — suite de douze planches d'oiseaux et autres

animaux; et les cinq Commandements de l'Eglise. En totalité quatre-vingt planches.

400 — Collection de vases inventés et dessinés par M. de *Fontanieu* et autres, par Lalive de Ronceray, Percenet, Huquier, Boucher fils, Réboul-Vien, Watelet et François Bo. 1 vol. in-fol. de 70 feuillets et 149 pièces.

401 — La grande Galerie de Versailles et les deux salons qui l'accompagnent, peints par Charles *Le Brun*, etc., dessinés par J.-B. *Massé*, et gravés sous ses yeux par les meilleurs maîtres du temps. 1 vol. grand in fol. cart. orné de cinquante-six planches. Paris, de l'imprimerie Royale, 1752.

Plus, dans le même volume, neuf estampes d'après les peintures du château de Sceaux, de Charles Le Brun.

Cet article pourra former deux lots.

402 — Peintures du plafond de la Galerie de Versailles, par Charles *Le Brun*, et gravées par Jean-Baptiste *Massé*. Vingt pièces.

403 — Description de la grotte de Versailles, en vingt planches, dont les Bains d'Apollon, par J. *Edelinck*, Etienne Picart, Le Potre, etc. 1 vol. in-fol. m. rouge, tr. dor. Imprimerie Royale, 1679.

404 — Courses de Testes et de Bague, faites par le roy et par les princes et seigneurs de sa cour, en l'année 1662. Paris, imprimerie Royale, 1670, 1 vol. grand in-fol. cart., contenant cent planches.

405 — Fêtes de Versailles, contenant les Plaisirs de l'Isle enchantée. Imprimerie royale, 1763, 1 vol. in-fol., m. r. tr. dor. Quatorze planches par Silvestre.

406 — *Dieci Soggetti Ricavati dalle pitture di Raffaele nelle camere del Vaticano, Disegnate ed incise a Contarni, da Francesco Giagiacomo*. Recueil de dix pièces au trait. Rome, 1809.

407 — OEuvre du chevalier *Hedlinger*, ou Recueil de médailles de ce célèbre artiste, gravées en taille douce, accompagnées d'une explication historique et critique, et précédé de la vie de l'auteur. Ouvrage en deux parties,

relié en 1 vol. in-fol., tr. dor. Quarante-deux planches
gravées par Chrétien *de Mechel*.

408 — *Promptuarium artis argentariœ...* etc. Recueil de
vases et d'ornements d'églises, inventés et dessinés par
Jean *Giardini*. 1 vol. in-fol. rel. v. m., contenant cent
planches gravées par M. J. *Limpach*, Rome, 1750.

409 — *Historia utriusque Belli Dacici a Trajano Cœsare
gesti ex simulachris quæ in columna ejusdem Romæ
visuntur collecta auctore F. Alfonso Ciacono hispano*,
etc., etc. Romæ, 1546, 1 vol. in-4, rel. parch. Cent trente
planches.

410 — La vie des Peintres flamands et hollandais. 3 vol.
in-8, rel. parch., ornés de cinquante et une planches par
Jacques *Houbraken*. Texte en langue hollandaise.

411 — Annales du Musée et de l'École moderne des Beaux-
Arts, etc., etc., par C. P. Landon. 6 vol. in-8 (les 5e et
6e réunis), contenant ensemble quatre cents planches au
trait d'après les tableaux du Musée royal.

412 — Batailles d'Alexandre peintes en cinq tableaux par
Charles Le Brun, précédées d'une perspective de la Galerie des Gobelins, et suivies de l'estampe de la Multiplication des Pains, etc. Le tout représenté en sept planches, dessinées et gravées par Sébastien *Leclèrc*. Paris,
1784, 1 vol. in-4.

413 — Recueil de différents modèles de décorations, d'architecture et d'ornements divers, inventés et gravés par
J. *Le Pautre*. 1 vol. in-4 oblong, contenant cinquante
et une planches.

414 — Tombeaux ou mozolés nouuellement inuentez et
grauez par J. *Le Pautre*, 1661. Recueil contenant cent
cinquante et une planches. 1 vol. in-4.

415 — Les ruines des plus beaux monuments de la Grèce,
etc., etc., par *Le Roy*, architecte, ancien pensionnaire
du roi à Rome. Ouvrage divisé en deux parties réunies
en 1 vol. in-fol., contenant soixante planches par divers
graveurs. Paris, 1758.

416 — *Tabellæ Selectæ ac Explicatæ a Carolo Patina*

Parisina academica. Ce recueil contient l'Explication, par *Charlotte Patin,* de quarante et un tableaux de différents maîtres qui se trouvaient à Padoue, où elle avait suivi son père qui avait été exilé dans cette ville. Padoue, 1691, 1 vol. in-fol., rel. v. Quarante-deux planches, y compris celle de la famille Patin, d'après *Jouvenet.*

417 — Pierres antiques gravées, sur lesquelles les graveurs ont mis leurs noms, dessinées et gravées en cuivre sur les originaux ou d'après les empreintes, par Bernard *Picart,* tirées des principaux cabinets de l'Europe, expliquées par M. Philippe *de Stosch,* etc.. etc. Ouvrage avec texte latin en regard de la traduction en français. Amsterdam, 1724, 1 vol. in-fol., orné de soixante-dix planches.

418 — Le Temple des Muses, orné de quarante tableaux où sont représentés les événements les plus remarquables de l'antiquité fabuleuse, dessinés et gravés par B. *Picart Le Romain* et autres habiles maîtres, et accompagnés d'explications et de remarques, etc., etc. Amsterdam, 1733, 1 vol. in-fol., m. rouge, tr. dor.

419 — Un recueil contenant diverses vues de Rome et de ses environs. 1 vol. in-4 oblong, contenant soixante-trois planches gravées par J. B. *Piranesi.*

420 — Rome moderne, ouvrage posthume de M. l'abbé *Ridolfino Venuti Cortonese.* 2 vol. in-4, ornés de cinquante-quatre planches, par *Piranesi.* Rome, 1766.

421 — Un autre volume grand in-fol, oblong, contenant quarante planches des œuvres des frères *Piranesi.*

422 — Différentes pièces des Œuvres des frères *Piranesi,* telles que : *Opere varie di architettura prospettive, Grotteschi, antichita sul gusto degli antichi Romani, inventate ed incise da Gio Batista Piranesi, in Roma,* 1750. 1 vol. in-fol., contenant soixante-dix planches, y compris quelques vignettes et culs-de-lampe. Les Fastes consulaires sont dans ce volume, ainsi que différentes vues de monuments de Rome, anciens et modernes.

423 — *Le pitture antiche d'Ercolano E Contarni incise con qualche spiegazione.* Naples, 1757, 8 vol. in-fol., y compris celui du catalogue.

424 — *Vestigi delle antichita di Roma, Tivoli, Pozzuolo et altri Luochi.* Un recueil in-4 oblong, contenant cinquante et une planches, y compris le titre, par Gilles et Marc *Sadeler*. 1606.

425 — Collection des Pères du Désert, par Raphaël et Jean *Sadeler*, et autres pièces réunies en 1 vol. in-fol. oblong. Cent trente-sept planches gravées par les *Sadeler* et autres maîtres.

426 — Recueil d'estampes d'après Raphaël, Titien, Carrache, Baroche, Polidore et autres, et principalement d'après Martin Devos, gravées par les célèbres *Sadeler*, 2 vol. in-fol., contenant plus de cinq cents estampes. Paris, chez Laurent Cars, 1748.

427 — L'Histoire naturelle éclaircie dans une de ses parties principales, l'Ornitologie, etc., etc. Ouvrage traduit du latin, par *Salerne*. 1 vol. in-4, enrichi de trente et une figures. Ep. coloriées. Paris, Debure père, 1747.

428 — Fac-similé de dessins de grands maitres italiens de la Galerie de Florence. Soixante pièces réunies en 1 vol. in-fol., savoir : trente sept par André *Scacciati*, et vingt-trois par Jean-Antoine *Mulinari*.

429 — Fastes de la Nation française par Ternisien d'Haudricourt. 3 vol. grand in 4, rel. tr. dor. Cent quatre-vingt-dix-sept planches.

430 — Les Travaux d'Ulysse peints à Fontainebleau par le Primatice. Cinquante-neuf pièces par *Van Thulden*. 1 vol. in-fol. oblong. 1633.

431 — *Theatrum civitatum et admirandorum Italiæ*, etc., etc. Amstelœdami, typis Joannis Blaer, 1763, 2 vol. grand in-fol., ornés de planches.

432 — *Album religieux* composé et lithographié d'après les plus grands maitres, par MM. *Aubry, Bergeret, Bouillon* et autres, composé de soixante-neuf pièces.

DESSSINS

EN TOUS GENRES,

Par et d'après différents Maîtres de toutes les écoles anciennes et modernes.

ALDEGREVER (Henri).

433 — Les Travaux d'Hercule, suite de six dessins à *la plume*, attribués à ce maître.

ANDRÉ (le Père), *moine dominiquin.*

434 — Jésus-Christ en croix, grande composition au *crayon rouge;* — un portrait de moine sur *papier bleu;* — Jésus prêchant dans la synagogue; — et un Christ en croix, *mine de plomb.* En tout, quatre dessins,

ARDANT le jeune (Jean).

435 — Divers sujets de chasse et autres; — bas-reliefs. En tout, dix-neuf dessins à *la plume;* plusieurs sont signés et portent la date 1622.

BACHICHE ou BACINI.

436 — Un dessin représentant Vénus et Pâris.

BACKHUYSEN ou BAKUYSEN (Louis).

437 — Une marine à l'encre de Chine et lavis,

BARTOLI (Petro Sante), dit LE PÉRUGIN.

438 — Nymphe et Satyre. Dessin au *bistre.*

BASSANO (PONTE Francesco da), dit LE BASSAN.

439 — Une sainte femme conduite au martyre. Dessin au crayon rouge, avec la signature *Bassano.*

BERGHEM (Nicolas).

440 — Deux paysages, dont un avec animaux qui traversent un ruisseau; — et un personnage enveloppé dans un manteau, étude. En tout, trois dessins attribués à ce maître.

BERNIN ou **BERNINI** (Le chevalier).

441 — Vue d'une fontaine décorée de figures de la mythologie.

BERNY de Nogent.

442 — Un portrait équestre de Charles de Lorraine.

BERTIN (Jean-Victor).

443 — Jésus guérissant un malade. Dessin au bistre, rehaussé de blanc, signé *Bertin*.

BIBIENNA (Maria, Ferdinand et François).

444 — Trois dessins d'architectures en ruines.

BLANCHARD (Jacques).

445 — Un personnage à son lit de mort; composition de dix-huit figures. Grand dessin signé *Blanchard*.

BLOEMAERT (Corneille).

446 — Une étude de tête. Dessin provenant d'une ancienne collection.

BOUCHARDON (Edme), *célèbre sculpteur, né à Chaumont, en 1698*.

447 — Divers sujets de l'Histoire et de la Fable. Dessins aux crayons et lavis; deux sont signés *Bouchardon*.

BOUCHER (François).

448 — La Naissance de la Vierge, signé *Boucher*; — une tête d'ange, avec *le chiffre*; — et divers sujets champêtres. En tout, neuf pièces.
Cet article pourra être divisé.

BOULLOGNE (Louis).

449 — Le dieu Priape et des Nymphes. Dessin à la sanguine, signé Boullogne.

BOURDON (Sébastien).

450 — Un dessin de forme ovale, représentant plusieurs personnages prosternés devant un prince.

BRACKELMAN.

451 — Deux dessins au bistre.

BRANDI (Hyacinthe).

452 — Une Magdelaine pénitente.

BREUGHEL DE VELOURS (Jean).

453 — Trois dessins de marine et de paysages.

BRILL (Paul).

454 — Divers paysages et marines ornés de figures et de ruines. Cinq dessins.

BRAUWER (Adrien).

455 — Trois dessins attribués à ce maître : deux sujets d'estaminet ; — et une tête dans un ovale, portrait présumé de ce peintre, par lui-même.

CALLOT (Jacques).

456 — Un calvaire, dessin attribué à ce maître.

CAMBIASO (Luca), dit LE CANGIAGE.

457 — Deux dessins, dont un représente une Descente de croix.

CARRACHE (Annibal).

458 — Une Sainte-Vierge assise, tenant l'Enfant-Jésus; des anges lui présentent des fleurs ;— un Repos en Egypte ; — et divers autres sujets. En tout, six dessins.

CARRACHE (Louis et Augustin).

459 — Apollon faisant danser quatre Nymphes au son de sa lyre ; — un Couronnement d'épines ; — et un Satyre assis, étude à la mine de plomb En tout, trois dessins. Le premier est attribué à *Augustin*, et on lit sur le second : *Ludov. Car. inc*,

CASTIGLIONE, dit LE BENEDETTE (Jean-Benoit).

460 — Quatre petits paysages, gril ommages.

CIGNANI (Carlo).

461 — La Vierge et l'Enfant-Jésus. Dessin au crayon rouge.

CORTONA (Pietro da).

462 — Quatre dessins attribués à ce maître, dont un porte sa signature.

COURTOIS (Jacques), dit LE BOURGUIGNON.

463 — Un choc de cavalerie. Dessin ayant fait partie d'une ancienne collection dont il porte l'estampille.

COYPEL (Noël-Nicolas).

464 — Un sujet historique. Dessin signé à gauche : Coypel.

CUYP (Albert).

465 — Une marine. Composition de onze figures.

DEVOS (Martin).

466 — Un dessin, signé *M. Devos (1583)*, réprésentant trois anges.

DIEPENBEECK (Abraham).

467 — Une marine ; — Sémélé consumée par la foudre ;— un Martyre ; — Eaque et Thétis ; — et Vénus sortant du bain. Cinq dessins attribués à ce maître.

DIETRICY (Christian, William-Ernest).

468 — Paysage avec figures ; — et étude d'homme. Deux dessins au lavis.

DOMINICAIN (ZAMPIERI, dit Le).

469 — Une Assomption. Dessin à la sanguine.

DUPLESSI-BERTAUX.

470 — Soixante-seize dessins, représentant divers sujets militaires, de chevaux et autres.

DÜRER (Albert).

471 — La Mort de la Vierge. Ce dessin porte en bas, à gauche, la signature de ce maître.

DUSSART (Corneille).

472 — Villageois tenant un panier et poussant une brouette chargée de paniers, dessin au *bistre ;* — une femme nétoyant son enfant.

EYSEN ou EISEN (Charles).

473 — La Prédication de saint Jean-Baptiste.

FRAGONARD (Jean-Honoré).

474 — L'Adoration des Bergers, grand dessin, en travers.

au lavis, avec la signature au bas, à gauche; — le portrait d'un cardinal, dessin au crayon rouge, avec la signature au bas, à droite; — et divers autres sujets. En tout, sept dessins.

GAMELIN.

475 — Deux dessins de chocs de cavalerie; — et soixante-deux études de chevaux. En tout, soixante-quatre dessins.

GANDOLFI (Gajetan).

476 — Le Couronnement d'épines.

GHEYN (Jacques de).

477 — Douze dessins au lavis, partie des modèles des quarante-deux planches de l'ouvrage sur l'astronomie, traduit du grec en latin par *Hugo Grotius* (1600).

GIRARDON.

478 — Statue drapée, étude. Dessin à la sanguine; il est signé en bas, à gauche.

GIRODIN.

479 — La Peste d'Athènes. Dessin avec la signature de cet artiste.

GOLTZIUS (Hubert).

480 — Un guerrier tenant une massue, dessin signé à gauche; — Jupiter lançant sa foudre; — le portrait de Ti. Claudius César Auguste. Trois dessins.

GOUJON.

481 — Le roi saint Louis tenant la sainte Couronne d'épines d'une main, et un sceptre de l'autre.

GREUZE (Jean Baptiste).

482 — Onze dessins divers attribués à ce maître, dont deux portent la signature *Greuze*, savoir : une tête de femme; — et la Diseuse de bonne aventure. Grand dessin en travers.

GUASPRE-POUSSIN (Gaspard DUGHET, dit).

483 — Sept vues et paysages, dont deux sont signés du nom
de ce maître.

GUIDO RENI.

484 — Quatre dessins attribués à ce maître, dont un, le
sujet des Noces de Cana, est signé, à gauche : *Guido
Signocini.*

HIRE (Laurent de La).

485 — Le pape Nicolas V. visitant, à Assise, le corps de
saint François ; — l'Adoration des Bergers, dessin sur
vélin (avec la gravure) ; — le même sujet traité diffé-
remment ; — l'Adoration des Rois. En tout, quatre
dessins.

JORDAENS (Jacques).

486 — Joueur de flûte ; — le berger Pâris ; — intérieur
d'étable avec animaux ; — une Crèche, ou l'Adoration
des Bergers ; — même sujet ; — *tête qui rit*, belle tête
d'expression. En tout, six dessins.

JOUVENET (Jean).

487 — Trois sujets divers. Dessins attribués à ce maître.

LAAR (Pierre de), dit BAMBOCHE.

488 — Deux dessins : une halte ; — et un abreuvoir.

LACOUR fils (M.), *directeur du Musée de Bordeaux.*

489 — Allégorie sur la naissance du duc de Bordeaux ; —
autre sujet allégorique de la même époque ; — un enfant
dans son berceau ; — l'Amour qui rompt une flèche ; —
et autres sujets. En tout, sept dessins, dont plusieurs
sont signés par cet artiste.

LAFAGE (Raymond).

490 — Une Bacchanale, dessin *signé Lafage* ; — saint Jean
prêchant dans le désert, dessin à la plume également
signé par ce maître ; — Polyphème et Galathée ; — une
Nymphe et des Amours ; — Alexandre et Diogène ; — et
un sujet allégorique. En tout, sept dessins.

LAGOA (Le marquis de).

491 — Suite de trente-neuf fac-similé de dessins d'anciens maîtres des écoles d'Italie, qui faisaient partie du cabinet de M. *de Lagoa*, et gravés à l'eau-forte par cet amateur. *Suite rare.*

LANFRANCHI (Jean).

492 — Le Baptême de Jésus-Christ.

LARGILLIÈRE (Nicolas).

493 — Un amour sur un dauphin dans une coquille ; — et un nègre portant des fruits. Deux dessins.

LAURI (Philippe).

494 — Une Sainte-Famille. Dessin au crayon rouge.

LE BRUN (Charles).

495 — Onze dessins attribués à Ch. *Le Brun*, savoir : une gloire : Jésus-Christ avec sa croix s'élevant dans les cieux ; — deux sujets mystiques, dessins de formes rondes ; — et divers autres sujets sacrés et profanes.

LECLERC (Sébastien).

496 — L'arc-de-triomphe qui était élevé à la Porte Saint-Antoine ; — fragments de la bataille contre Porus, et de l'entrée triomphale d'Alexandre à Babylone ; — et un paysage. Quatre pièces.

LEMOINE (François).

497 — Divers sujets de l'Histoire sacrée et profane. Six dessins, dont cinq sont signés Lemoine.

LESUEUR (Eustache).

498 — Un bas-relief représentant un mariage de l'antiquité ; — étude d'un moine à genoux, dessin au crayon rouge ; — des prisonniers amenés à un général ; — la Vision de saint François ; — et divers autres sujets de sainteté. En tout, neuf dessins. Sur les trois premiers on lit une signature de E. Lesueur.

Cet article pourra être divisé.

LONSING.

499 — Le portrait de cet artiste ; — et divers sujets his-

toriques et d'architecture. En tout seize dessins, dont quatre sont signés.

LORRAIN (Claude GELLÉE, dit LE).

500 — Un paysage avec rivière; — deux autres paysages; — une marine; — et deux petits paysages à la plume. Quatre dessins. Sur deux on voit une signature de C. *lorrain*.

LUCAS DE LEYDE.

501 — La mort de la Vierge, composition de quatre figures, dessin au bistre; — un Christ au tombeau, autre dessin attribué aussi à ce maître.

LUYKEN (F.).

502 — Le Triomphe de Jules César. Composition capitale comprenant une multitude innombrable de personnages. Ce dessin est signé.

MARATTE (Carle).

503 — Trois sujets de vierges. Sur un de ces trois dessins on lit : Carle Maratte.

MARIETTE (Pierre).

504 — L'Homme de douleur; devant lui se trouve un coq plumé. Sujet allégorique. Dessin sur lequel on lit : *Mariette. 1652*.

MELLAN (Claude).

505 — Une tête de femme. Dessin sur lequel on lit Mellan.

MEULEN (Antoine-François VAN DER).

506 — Une marche de troupes; — et deux études de cavaliers. Trois dessins attribués à ce peintre.

MICHEL-ANGE BUONAROTI (Attribués à).

507 — Le mausolée du pape Adrien VI, en quatre petits dessins au trait, placés dans deux cadres, dont l'un est en bois d'ébène.

508 — Jonas sortant du ventre de la baleine, dessin accompagné de l'estampe; — un combat; — un fragment d'architecture avec deux figures; — bas-relief et arabesques. Ces six dessins sont attribués à *Michel-Ange*.

MICHEL.

509 — Etudes de paysages à l'aquarelle. Quarante-cinq dessins.

MOLA (Pierre-François).

510 — L'ange qui apparaît à Agar.

MONPER (Josse de).

511 — Paysage avec berger gardant des chèvres. On lit sur ce dessin : *Josse de Monp·r in antœrpue anno 1599, 25 februari.*

MURILLO (Bartholomeo-Esteban), attribués à.

512 — Une Trinité ; — et une Vierge tenant l'Enfant-Jésus. Deux dessins.

NANTEUIL (Robert).

513 — Le portrait de Mme de Bouthillier.

NATOIRE (Charles).

514 — Alexandre et Diogène ; — et deux études académiques au crayon rouge. Trois dessins.

NETCHER (Gaspard).

515 — Quatre portraits attribués à ce maître.

OVERLAET (Antoine VAN), dit le BOULANGER D'ANVERS.

516 — Un intérieur de tabagie, composition de cinq figures dont deux jouent au tric-trac. Sur ce dessin, on lit le nom de ce maître.

PANINI (Giovanni Paolo).

517 — Quatre petits dessins de forme ronde, représentant des paysages avec monuments.

PARMESAN (François MAZZUOLI, dit LE).

518 — Une Sainte-Famille ; — la Vierge et l'Enfant-Jésus sur ses genoux ; — et un autre sujet au crayon rouge. Trois dessins attribués à ce maître.

PARROCEL (Charles).

519 — Choc de cavalerie (avec signature) ; — et quatre études au crayon rouge. En tout, cinq dessins.

PARROCEL (Joseph).

520 — Deux dessins : choc de cavalerie ; — et un peintre tenant sa palette.

PASSARI (Joseph).

521 — La Magdelaine soutenue par des anges. Dessin au bistre.

PERRUGIN (Pierre).

522 — Une Descente de croix. Dessin attribué à ce maître.

PERRIER (François).

523 — Le repos en Egypte. Une estampe est jointe à ce dessin.

PETERS (Bonaventure).

524 — Une Tempête. Beau dessin de marine.

PIERRE (Jean-Baptiste Marie).

525 — Neuf études aux divers crayons. Un de ces dessins est signé *J.-B.-Marie Pierre*.

PILLEMENT (Jean).

526 — Huit paysages et autres sujets aux crayons rouge et noir. Quatre de ces dessins sont signés du nom de Pillement.

POEL (Van der).

527 — Une marine. Beau dessin attribué à ce maître.

POLYDORE DE CARAVAGE.

528 — La célébration de la messe dans l'église d'un couvent de moines ; — et un bas relief.

POULTIER (Jean).

529 — Sept dessins ; étude pour l'hotel des Invalides.

POUSSIN (Nicolas).

530 — Une Fuite en Egypte ; — Départ de Jacob ; — et diverses études de paysages. Six dessins attribués au *Poussin*.

PRIMATICE (François).

531 — Quatre sujets de Vierge. Dessins ovales.

PROCACCINI (Camille).

532 — Le Mariage mystique de sainte Catherine.

RAIMONDI (Marc-Antoine).

533 — Apollon poursuivant Daphnis métamorphosée en arbre.

RAPHAEL (Sanzio d'Urbino).

534 — La Vierge et l'Enfant-Jésus ; — même sujet d'après une tapisserie du Vatican ; — étude d'un moine, vu de profil. Trois dessins d'après Raphaël.

REMBRANDT (Paul VAN RHYN, dit).

535 — Jésus rendant la vue à un aveugle ;— deux portraits sur la même feuille, dont un présumé être celui de ce maître ; — et un autre dessin, sujet composé de huit figures. En tout, quatre dessins dans la manière de Rembrandt.

RESTOUT (Jean-Bernard).

536 — Quarante-quatre dessins divers, par, d'après ou attribués à ce maître.

ROBERT (Hubert).

537 — Dix-sept dessins divers, paysages avec architecture et monuments en ruine.

ROSA (Salvator).

538 — Un saint Jérôme ;— un guerrier, la main droite appuyée sur un piédestal sur lequel on lit : *Salvator Rosa;* — un grand paysage avec cinq figures; — et diverses autres compositions, dont deux sont octogones. En tout, sept dessins, d'après ou attribués à ce maître.

RUBENS (Pierre-Paul).

539 — Un trophée, avec une explication en flamand. — — Jupiter armé de la foudre; — une tête de vieillard, dessin à la plume; — un saint personnage tenant une hallebarde; — un sujet allégorique où on voit trois femmes, dont une tient une corne d'abondance, on y lit : *Rubens;* — la Vierge et Sainte-Elisabeth; — et une

composition de deux figures. En tout, sept dessins d'après ou attribués à Rubens.

SANÉ.

540 — Le frappement du rocher par Moïse; — Diane et ses nymphes au bain surprises par Actéon; — et divers autres sujets. En tout, onze dessins *signés* pour la plupart.

SCHONGAUER. dit SCHOEN (Martin).

541 — La Résurrection de Lazare. Ce beau et curieux dessin de l'Ecole allemande du XV° siècle, porte le caractère des ouvrages de Martin *Schoen*. Il est sur vélin et encadré.

SCHUT (Corneille).

542 — Le Repos en Egypte.

SNEYDER (François).

543 — Trois dessins d'oiseaux et d'animaux. Aquarelles.

SOMER (Van Paul).

544 — Une Fuite en Egypte. Dessin dans la manière du Bolognèse.

STOOP (Théodore).

545 — L'abreuvoir ; — et le Maréchal-ferrant.

STRIXNER (N.).

546 — Quatre saints personnage en adoration devant le corps de J.-C. dont on ne voit qu'une jambe, d'après Raphaël. On lit sur ce dessin : *N. Strixner.*

SUBLEYRAS (Pierre).

547 — Exaltation d'un évêque, tenant un cœur enflammé. Sujet mystique.

SWEBACH (Jacques-Louis).

548 — Un paysage où on voit plusieurs personnages à cheval. Ce dessin est *signé* à droite.

TÉNIERS (David), attribués.

549 — Paysan debout, coiffé d'un chapeau, tourné vers la

droite, et regardant à gauche. Dessin au crayon noir, encadré.

550 — Deux paysages avec figures, dont un à la sanguine.

TESTE (Pierre).

551 — Le sujet de la Trinité : — et un autre dessin signé, à droite, *Pierre Teste*.

THULDEN (Van).

552 — Neptune commandant aux éléments ; — et deux autres petits dessins, dont un est signé du nom de ce maître.

TITIEN (TIZIANO-VECCELLI, dit LE).

553 — Le portrait d'un personnage coiffé d'une toque ; — un dessin, composition de quatre personnages de différents costumes ; — et deux paysages avec figures et animaux.

TROY (François de).

554 — Divers sujets d'amours et d'enfants. Quatre dessins sur lesquels on lit le nom de ce peintre.

UDEN (Lucas VAN).

555 — Deux paysages avec figures et animaux. Sur le plus grand de ces deux dessins, on lit le nom de ce maître et la date 1663.

VAGA (PERRIN DEL).

556 — Deux dessins d'architecture. Sur l'un il existe trois lignes d'écriture gothique.

VANDEN-VELDE (Guillaume), attribués à.

557 — Une marine ; — et une étude de vaisseau à l'encre de Chine. Sur l'un de ces dessins, on voit les initiales W.-V.-V. ; — plus deux autres marines avec les initiales W.-V.-V. J^e. En tout, quatre dessins.

VAN-DYCK (Antoine), attribués à.

558 — J.-C. portant sa croix ; — et cinq portraits divers, dont celui de *Palamèdes*. En tout, six dessins.

VAN LOO (Charles ou Carle).

559 — Apollon ou le soleil sur son char ; — un grand-
prêtre ; — et trois autres dessins. On lit une signature
de Vanloo sur le second.

VERCUYK (Théodore).

560 — Deux paysages capitaux ornés de quantité de figures.
On lit une signatnre sur l'un de ces deux dessins.

VERDIER (François).

561 — Divers sujets de l'Histoire sacrée et profane. Six
dessins attribués à ce maître.

VERNET (Joseph).

562 — Un paysage, site d'Italie. On lit sur ce dessin un nom
de Vernet.

VERONÈSE (Paolo CAGLIARI, dit Paul).

563 — Le couronnement d'Esther ; — et une étude de
figure à mi-corps. Deux dessins attribués à ce maître.

VERSCHURING (Henri).

564 — Un Siége avec escalade ; — vue de la tour de Pise,
à la plume. Sur ce dernier dessin sont les deux lettres
initiales H. V.

VOUET (Simon).

565 — Une Annonciation ; — un miracle : la guérison d'un
estropié ; — et une étude de figure. Trois dessins.

VUEZ (Arnoult de).

566 — Une Adoration de l'Enfant-Jésus ; — et trois autres
dessins, sujets divers.

WATTEAU (Antoine).

567 — Cinq études de paysages et de figures. Dessins la
plupart au crayon rouge.

WEÉNINX (Jean-Baptiste).

568 — Un paysage d'un effet pittoresque.

WIERIX ou WIERX.

569 — Une Sainte-Famille, dans une barque à la voile que
dirige saint Joseph. Composition entourée de sept sujets

de la vie de la Sainte-Vierge ; — l'Enfant-Jésus sur les
genoux de sa mère. Deux dessins attribués à l'un des
Wiérix.

WYNANTZ (Jean).

570 — Une étude de tronc d'arbre.

DESSINS DIVERS.

571 — Vingt-trois dessins divers par ou d'après les maîtres
ci-après, savoir : *Arrago*, un ; — *Calf*, deux ; — *Cam-
pariol*, sept ; — *Caze*, un ; — *Celloni* (Joseph), un portrait ; — *Cérani* (Elisabeth), un ; — *Cochin fils*, un ; —
Castrari, un ; — *Cousin* (Jean), un ; — *Darret*, un ; —
Dehaye, un ; — *Delaulne*, un ; — *Depas*, un ; — *Des-
portes*, un ; — *Dor*, un ; — et *Dyrimba*, un. Ce dernier
dessin est signé.

Cet article pourra être divisé.

572 — Trente-trois dessins par ou d'après, savoir : *Four-
nier*, un ; — *Garewyn*, deux ; — *Genoels*, deux ; —
Gillot, trois ; — *Guerchin*, un ; — *Haccou*, dix-sept marines signées par cet artiste :— *Heldelberg*, un ;— *Houbraken*, un ; — *Huet* (J.-B.), un ; — *Ingouf*, un ; —
Jeaurat, un ; — *Jordano*, un ; — et *Kabel* (Van der),
un.

Cet article pourra être divisé.

573 — Vingt-huit dessins par ou d'après, savoir : *Labelle*,
un ; — *Lacotte*, un ; — *Larue*, un ; — *Lelu*, un ; —
Lely, un ; — *Lenoir*, un ; — *Lepan*, un ; — *Lepautre*,
quatre ; — *Leprince*, un ; — *Lievins*, un ; — *Loutherbourg*, deux ; — *Lucas*, deux ; — *Mellini*, deux ; —
Mettay, quatre ; — *Millé* (Francisque), quatre ; — et
Molle (Du), un.

Cet article pourra être divisé.

574 — Vingt-trois dessins par ou d'après, savoir : *Ostade*,
un ; — *Ozanne*, une marine signée ; — *Padouan*, deux ;
— *Palet*, un ; — *Pernet*, onze ; — *Picart* (B.), trois ; —

Pigal, un ; — *Pordenon,* un ; — *Pugel,* un ; — et *Quay-noy,* un.

Cet article pourra être divisé.

575 — Vingt-quatre dessins par ou d'après, savoir : *Ra-basse,* un ; — *Ramondan,* un ; — *Raoux,* quatre ; — *Remus,* deux ;— *Romanelli,* deux ; — *Saly,* un ;— *Tail-lasson,* un ; — *Tardieu* (A.), un ; — *Terburg,* un ; — *Tillier* (Le), deux dessins avec signature ; — *Tortelli,* un dessin signé ; — *Tranch,* un ; — *Valentin,* un ; — *Vannius,* un ; — *Vermond,* un ; — et *Vier,* trois.

Cet article pourra être divisé.

576 — Environ deux cent quarante dessins en tous genres, anciens et modernes, originaux ou copies par des maîtres et artistes *non connus.* Dans ce nombre on remarquera des compositions remarquables.

Cet article formera plusieurs lots.

TABLEAUX

Par et d'après différents Maîtres des différentes écoles.

DEHEM.

577 — Corbeille de fruits, tels que : Pêches, brugnons, cerises, bigarros. Tableau d'une grande finesse de tou-che et d'un brillant coloris.

DYCK (Antoine Van).

578 — Un très beau portrait d'un personnage pieux. Il est agenouillé devant un prie-Dieu, et les mains jointes. Ce tableau, par sa touche, la finesse du colori, et l'expres-sion admirable de la figure, est digne en tout point de ce célèbre maître. Ce tableau a été rentoilé ; on lisait derrière la toile peinte, en langue flamande : *Portrait de Bresshune.* Il provient de la collection d'un amateur de Courtray.

LE MÊME.

579 — Le Christ mort sur les genoux de la Vierge. Belle esquisse en grisaille, attribuée à ce maître. Ce tableau provient également de la collection d'un amateur de Courtray.

GREUZE (Jean-Baptiste).

580 — *La Bonne Mère de famille; — et le Grand Papa.*
Deux tableaue d'après Greuze; jolies copies dans le sentiment du maître faites dans son école par l'un de ses
meilleurs élèves, peut être par mademoiselle Le Doux.

LE MÊME (d'après).

581 — Tête de Jeune garçon. Etude.

GUIDO RENI (école de).

582 — La Mère de Douleur.

JACQUARD (Claude).

583 — *Le Martyre des sept frères Machabées.* Composition
capitale, riche de détail et d'une exécution savante.

MICHEL-ANGE BUONAROTI (attribué à).

584 — Fragment d'une belle étude de tête de vieillard
peinte sur papier et appliqué sur panneau. Au dos de ce
panneau se trouve un cachet armorié en cire rouge.
Ce tableau provient de la collection d'un amateur de
Courtray.

MIGNARD (attribué à).

585 — Le portrait d'une dame de la cour de Louis XIV.

POUSSIN (Nicolas).

586 — Etude du tableau des Aveugles de Jéricho, par Nicolas Poussin. Cette peinture savante a tout le caractère
de l'originalité.

RUBENS (Pierre-Paul, d'après).

587 — La reine Thomiris fait plonger la tête de Cyrus dans
un bassin plein de sang. Jolie copie réduite du grand
tableau de Rubens qui faisait partie de l'ancienne galerie
du Palais-Royal. Elle est sur cuivre.

RUBENS (Pierre-Paul).

588 — Belle esquisse de tête de vieillard à grande barbe;
peinture d'une exécution large et vigureuse, qui rap-
pelle le faire du maître, auquel il est attribué.

VAN DER HELST (Barthélemi).

589 — Le portrait d'un artiste hollandais. Beau dessin au Lavis colorié. Il est encadré.

VUEZ (Arnold de).
590 — Le sujet de l'Annonciation.

ÉCOLE ALLEMANDE.

591 — L'Enfant-Jésus sur les genoux de sa mère ; le petit saint Jean lui présente le signe de la rédemption.

592 — Sainte Cécile chantant les louanges du Seigneur en s'accompagnant sur un orgue.

Ces deux charmants tableaux peints sur cuivre, font pendants.

OBJETS DIVERS.

593 — Portrait de Napoléon. Buste de marbre en applique, et de forme ovale.

594 — Quantité de portefeuilles de différentes dimensions, la plupart avec des goussets et des recouvrements en toile.

SUPPLÉMENT

D'Articles omis à leur rang numérique et alphabétique.

ESTAMPES.

BAUR (Jean-Guillaume), *né à Strasbourg en 1610.*

595 — Suite de quatorze batailles gravées à l'eau-forte par ce maître, frontispice compris.

BERTELLI (Luca).

596 — L'Adöration des bergers, d'après *Le Titien*. Pièce détériorée.

BOULANGER (Jean), *né à Troyes en 1613.*

597 — Une Vierge d'après S. *Vouet;* — saint Jean-Baptiste, d'après Léonard *de Vinci*; — et quatre autres pièces, portraits et sujets allégoriques. 6 estampes.

BROECK (Crispin VAN DEN), *né à Anvers en 1530.*

598 — Cinq sujets de l'Histoire sacrée : La Nativité ; — l'Adoration des mages ; — la Circoncision ; — le Repos en Egypte ; — et Jésus dans le Temple au milieu des Docteurs.

BRUNI DE SIENNE (Horace).

599 — Une Descente de croix. Eau-forte d'après *Pompeo Aglano*. Pièce avec la date de 1542.

CAPATELLI (Bernard), *né à Sienne, en 1607.*

600 — Le miracle de saint Bernard de Sienne, qui rend la vue à un enfant. Eau-forte de ce maître d'après sa propre composition.

CAUKERKEN (Corneille VAN), *né à Anvers en 1625.*

601 — Un Combat dans un intérieur de cabaret, composi-

tion de quantité de figures d'après **J.** *Molnaer.* Estampe gravée à la pointe sèche.

CHAPRON ou **CHAPPRON** (Nicolas), *né à Châteaudun en 1559.*

602 — Le vieux Silène (R. D. 56), 2ᵉ état; — le frontispice des Loges du Vatican, ou la Bible de Raphaël (1); — et une Adoration des rois. Eau-forte étrangère à ce maître. 3 pièces.

GRIMALDI dit le **BOLOGNESE** (Giovanni- Francesco) *né à Bologne en 1606, mort à Rome vers 1687.*

603 — Un paysage où se trouve le sujet du Baptême de Jésus-Christ, on lit : *Inv. et fecit.* Grande pièce en larg.

SADELER (Jean ou Hans), *né à Bruxelles en 1550.*

604 — Diverses estampes en feuilles, savoir : Le Repas du mauvais riche; — l'Adoration des bergers; — le Festin de Jésus chez Marthe et Marie. Ces trois pièces d'après *Le Bassan*; — la Cène d'après *Candide*; — une Fuite en Egypte, d'après *Rotenhamer*; — Jésus porté au tombeau; — Jésus conduit à Emmaüs; — le Bon Samaritain; — le martyre de saint Jacques; ces trois pièces d'après Martin *Devos*; — Jésus conduit au Calvaire; — une Trinité, ou Vision céleste de la gloire du Père éternel, etc., etc.

Cet article, composé de vingt-huit pièces, pourra être divisé.

605 — *Emblemata Evangelica ad XII signa Celestia…. ob oculos ponit*; — suite de treize pièces, y compris le frontispice. On lit dans la marge Jean Sadler Excvd. — Marc Gérard figvr.

606 — Suite de quatre sujets de l'Histoire de Suzanne et des vieillards.

SADELER (Raphaël), *né à Bruxelles en 1555, mort à Venise en 1616, frère cadet de Jean Sadeler.*

607 — Divers sujets de l'Ancien et du Nouveu-Testa-

ment, paysages, etc., etc. Dix-huit pièces d'après *Bassan*, Paul *Brill*, Martin *De Vos*, *Tintoret* et autres ; — plus, le portrait du prince Ernest, archiduc d'Autriche, gouverneur de la Belgique, d'après *Otto-Venius*. En tout dix-neuf pièces.

SADELER (Egidius ou Gille), *né à Anvers en 1570, mort à Prague en 1629, neveu de Jean et de Raphaël Sadeler.*

608 — Diverses estampes en feuilles, savoir : Une Sainte-Famille dans un riche paysage, d'après Albert *Durer* ; — l'Annonciation ; — la Cène ; — la Flagellation, et autres sujets de l'Histoire sacrée, d'après *Baroche*, *Palme* le Jeune, le *Tintoret*. Huit pièces.

609 — Le Massacre des Innocents, d'après le *Tintoret* ; — Diane surprise par Actéon, d'après Joseph *Heintz*. Deux pièces.

610 — Quatre portraits, savoir : de Charles de Longueval comte de Bacquoy ; — de Louis XIII (1624) ; — de Rodolphe II, empereur d'Allemagne ; — et du docteur Fontanus. Ces deux derniers proviennent du cabinet Mariette.

ESTAMPES PAR DIVERS GRAVEURS.

611 — Quatorze paysages et sujets historiques, d'après Paul *Brill*, *Breughel*, J. *Heintz* et autres.

612 — Huit études accadémiques d'après les dessins de Edme Bouchardn, gravées par *Aubert*, *Hugnier*, *Larue* et *Pasquier*.

613 — Sous ce numéro les articles qui auraient pu être omis.

1588

Imprimerie Maulde et Renou,
rue Bailleul, 9-11.

TABLE SOMMAIRE

1388 Imprimerie et lithographie de Maulde et Renou, rue Bailleul, 9 et 11.